Ofrendas
un almanaque de gratitud

MARJORIE AGOSÍN

Ilustraciones de Ramón Levil

Gifts
An Almanac of Gratitude

MARJORIE AGOSÍN

Translated from the Spanish by Alison Ridley
Illustrations by Ramón Levil

Solis Press

© 2025 Marjorie Agosín

Illustrations © 2025 Ramón Levil

Translation © 2025 Alison Ridley

Cover: "Woman Holding Flower" by Sunol Alvar by permission of Saper Galleries.

Published in 2025 by Solis Press.

All rights reserved. No part of this publication may be reproduced, stored in a retrieval system, or transmitted, in any form or by any means, electronic, mechanical, photocopying, recording or otherwise, except as permitted by the UK Copyright, Designs and Patents Act 1988, without the prior permission of the publisher.

The author of this work has asserted her rights under the Copyright, Design and Patents Act 1988 to be identified as the author of this work.

This book is sold subject to the condition that it shall not, by way or trade or otherwise, be lent, resold, hired out or otherwise circulated without the publisher's prior consent in any form of binding or cover other than in which it is published and without a similar condition including this condition being imposed on the subsequent purchaser.

ISBN: 978-1-917904-02-5 (paperback)
ISBN: 978-1-917904-03-2 (hardback)

Published by Solis Press, England

Web: www.solispress.com | *X*: @SolisPress

Tabla de contenidos
Table of contents

Prefacio *Preface* 4

El amor y sus ausencias *Love and Longings* 13

Los libros que sueñan *Books that Dream* 25

Las palabras centelleantes *Shimmering Words* 33

Las ofrendas del mar *Gifts from the Sea* 51

Entre las sombras *Amid the Shadows* 61

Una niñez infinita, una familia inolvidable *An Infinite Childhood, an Unforgettable Family* 69

Las cosas cotidianas *Quotidian Things* 83

Entre la luz y la oscuridad *Between the Light and the Darkness* 99

La noche que hechiza *Bewitching Nights* 107

La benevolencia de la memoria *The Benevolence of Memory* 121

Las dádivas de la naturaleza *Nature's Gifts* 129

Gratitud *Gratitude* 151

Prefacio

Es con gratitud que escribo este prefacio a *Ofrendas*, la colección póstuma de poemas narrativos de Marjorie Agosín sobre los temas, motivos e imágenes más importantes de su obra y de su vida. Cuando me habló por primera vez de su intención de escribir este libro, dijo que podíamos trabajar sobre la colección y la traducción sin prisas, pausadamente, *despacito*, como dice en uno de sus poemas, porque se trataba de la culminación de toda una vida de ofrendas para dar, recibir, compartir, apreciar y contemplar con el fin de aportar belleza, alegría y asombro a nuestras vidas. De repente, a finales de 2024, Marjorie me dijo que teníamos que terminar *Ofrendas* antes de enero de 2025. Lo que empezó como un suave flujo de ideas e imágenes se convirtió en una oleada impetuosa, una necesidad urgente para terminar algo que yo había pensado que seguiría indefinidamente puesto que estaba destinado a ser toda una vida de los regalos de Marjorie. Poco sabía entonces que, en efecto, sería la culminación de sus ideas y hermosas meditaciones. Marjorie falleció en marzo de 2025.

Cuando Marjorie me hizo saber la fecha límite más ajustada del libro, me preguntó al mismo tiempo si me gustaría escribir el prefacio. Me sentí honrada y conmovida. Ahora, sin embargo, mientras lo escribo me pregunto cómo habría sido este prefacio si no hubiera sido por el fallecimiento prematuro de Marjorie. Esos pensamientos me llevan de nuevo a *Ofrendas* y a los bellos poemas de Marjorie sobre las palabras, su naturaleza orgánica, cómo se pueden enhebrar, cómo se pueden utilizar para crear una plétora de significados que se adaptan a diferentes contextos. Al leer *Ofrendas*, se aprecia la magia de las palabras en plena acción puesto que los poemas de Marjorie evocan diferentes sentimientos y dan lugar a diferentes interpretaciones con cada lectura. Sus poemas, sus palabras, hay que saborearlos. Su escaso uso de la puntuación también puede llevar al lector a más de una forma de leer y entender sus poemas. Su elección de palabras específicas tiene el mismo efecto puesto que son evocadoras y pueden tener diferentes significados. Leer *Ofrendas* es algo parecido a mirar

PREFACIO

por un caleidoscopio y experimentar estallidos de luz y combinaciones de colores singulares con cada giro del tubo. Cada poema es un delicado capullo que florece en un mundo maravilloso por explorar.

Buscar e indagar son temas que el lector encontrará muchas veces en el contexto de descubrir lo que no es inmediatamente evidente, lo que se esconde bajo la superficie de las cosas, bajo el significado de palabras particulares, más allá de los umbrales etéreos entre el día y la noche, la vida y la muerte, el amor y el desamor.

Por supuesto, trabajar en la traducción de un texto orgánico no hace justicia al texto original, ni puede hacerlo, pero intenté lo mejor que pude encontrar palabras en inglés que fueran tan sugerentes como las seleccionadas por Marjorie en español. Tuve la suerte de que ella siempre fue muy generosa con su tiempo y tuvimos muchas conversaciones agradables sobre los posibles significados que evocaban sus palabras. Así pues, la traducción captura una versión del original tal y como yo lo veo, con la ayuda de Marjorie. Los lectores podrán crear sus propias versiones de la colección basándose en las imágenes que les sugieren el texto original y la traducción. Creo que la intención de Marjorie era invitar a los lectores a hacer suya la colección, a saborearla, a reflexionar, a meditar *despacito*, sobre lo que las ofrendas significan para ellos.

Los poemas de esta colección despiertan todos los sentidos del lector. En cuanto a la vista, visualizamos todo lo que Marjorie escribe. Es imposible no formarnos una imagen mental de lo que ella describe; sus imágenes son vibrantes en color y detalle, y también son cinematográficas. Los objetos, animales y personas que describe cobran vida y nos encontramos acercándonos y alejándonos, enfocando con la vista mental los posibles significados transmitidos por las imágenes. Con un énfasis particular en los ojos a lo largo de toda la colección, Marjorie comunica la importancia de ver más allá de la vista física y reconocer que lo que está ausente y no se puede ver en el mundo físico sigue siendo una presencia que se puede intuir y "ver" bajo una luz diferente.

Mientras leemos, oímos a los árboles hablar, la lluvia caer, un violonchelo que se toca en lo profundo de un frondoso bosque, el

PREFACIO

mar y sus olas, los sonidos silenciosos de los muertos, el silencio que lo dice todo. El sentido del tacto se evoca por imágenes de manos, rostros, espejos y umbrales, por nombrar solo algunos. El sentido del olfato es despertado por descripciones de alimentos y objetos de la naturaleza: el pan recién horneado, el cilantro, los bosques frondosos (podemos oler su verdor), la fragancia del mar, la lluvia, las flores y la lana húmeda secándose junto a la chimenea. El gusto cobra vida en las ricas descripciones de Marjorie de los higos, el vino y el pan. Muchas veces, nos encontramos utilizando múltiples sentidos al leer sus poemas. Nos imaginamos asomándonos a uno de los espejos movedizos de Marjorie y atravesando un umbral invisible para conectar con los poemas a un nivel visceral.

Muchos de los temas que aparecen en otras obras de Marjorie también se encuentran en *Ofrendas*, incluido el poder mágico de las palabras. Para Marjorie, las palabras eran objetos animados; le encantaba trabajar con ellas, jugar con ellas, moldearlas y ensamblarlas con el fin de, como solía decir Marjorie, "reconstruir el mundo". En *Ofrendas*, su amor por la escritura se refleja a menudo en sus "bibliotecas nocturnas" que son portales a una fuente infinita de letras, palabras, frases, pensamientos, ideas y mundos. El lector que entra en las bibliotecas nocturnas de Marjorie, en la silenciosa oscuridad que alberga misterios y secretos por descubrir, entiende el tremendo poder de la palabra escrita para imaginar diferentes versiones de este mundo y de otros.

Otro tema que abunda en esta colección es el amor de Marjorie por la Madre Naturaleza, especialmente el mar, que, al igual que las palabras, es un ente animado que tiene su propio reino; es un regalo que hay que apreciar. Debemos prestar atención a sus sonidos, a su habilidad para reflejar la luz y la oscuridad, a sus misterios. El mar es un regalo que sigue dando, que siempre vuelve. Marjorie también utiliza imágenes ecológicas y astrales recurrentes. Los árboles, las hojas, el viento y la lluvia nos hablan; las estrellas nos guían; las luciérnagas iluminan la oscuridad; el bosque nos abraza. La Madre Naturaleza es uno de los mayores regalos con los que Marjorie nos anima a comprometernos, disfrutar, respetar, cuidar y proteger.

PREFACIO

El amor en sus múltiples facetas es un tema central de *Ofrendas*. En la colección encontramos el amor nuevo, el amor antiguo, el amor incierto y el amor inconcluso. No es solo el amor compartido con otros seres humanos, sino también el amor por los animales, los objetos y las palabras más preciados. Una vez más vemos la fascinación de Marjorie por la naturaleza inconclusa e incierta de las cosas en sus alusiones al amor y al desamor. El amor es tan fluido como las palabras; se mueve, cambia, madura, se va, vuelve, es un misterio.

Otros temas importantes incluyen la historia, la fe, la familia, los reflejos, la luz y la oscuridad, los umbrales, la muerte y los espíritus. Se invita a los lectores a adentrarse en un espacio liminal, mágico e intermedio donde pueden explorar todas las ofrendas de Marjorie que albergan mensajes por descubrir y contemplar. Ella nos habla de la importancia de vivir el aquí y ahora, de recordar el pasado a través de la memoria y de imaginar el porvenir. Nos invita a atravesar umbrales, a entrar en espejos cóncavos, a vernos reflejados en diferentes reinos, reinos que son mágicos pero posibles. *Ofrendas* es un organismo vivo y perdurable. En cierto modo, *es* Marjorie, que sigue viva en nuestros corazones y en nuestra imaginación. Ella ha atravesado el último umbral, pero nos ha enseñado que todos los umbrales son porosos; el límite entre reinos es delgadísimo y lo único que se necesita para entrar es una mente abierta y un corazón generoso.

Echo mucho de menos a Marjorie, pero aún la encuentro en su obra, la imagino en la biblioteca nocturna leyendo y escribiendo, manteniendo el contacto con nosotros a través de sus palabras, a través de la belleza de la Madre Naturaleza en la que siempre se reflejará. No puedo mirar una estrella brillante, una luciérnaga resplandeciente o un montón de hojas otoñales, ni escuchar el viento melodioso o el mar encrespado, sin pensar en ella. Sé que Marjorie querría que ustedes leyeran esta colección con alegría, amor y asombro en sus corazones. Espero que la obra los ayude a acercarse más a ella y que sigan escuchando su voz en el viento y en sus mentes.

Alison Ridley, traductora, junio 2025

Preface

It is with gratitude that I write this preface to *Gifts*, Marjorie's posthumous collection of narrative poems about the topics, themes, and images that were among the most important in her writing and her life. When she first told me of her plans to write this book, she said that we could work on the collection and the translation slowly, unhurriedly, *despacito*, as she says in one of the poems, because it was meant to be a culmination of a lifetime of gifts to be given, received, shared, appreciated, and contemplated to bring beauty, delight, and wonder to our lives. Suddenly, in late 2024, Marjorie told me that we had to finish *Gifts* by January 2025. What started as a gently flowing stream of ideas and images turned into a brisk swell, an urgent need to finish something that I thought would continue indefinitely, as it was meant to be a lifetime of Marjorie's gifts. Little did I know then that it would indeed be a culmination of her ideas and beautiful thoughts. Marjorie passed away in March of 2025.

When Marjorie told me about the faster timeline for the book, she also asked if I would like to write a preface. I was honored and touched. Now, however, as I write it, I wonder how different this foreword might have been if not for Marjorie's untimely passing. Those thoughts lead me back to *Gifts* and Marjorie's many beautiful poems about words, their organic nature, how they can be strung together, how they can be used to create a plethora of meanings to suit different contexts. When you read *Gifts*, you will see the magic of words in action as her poems evoke different feelings and lead to different interpretations with each subsequent reading. Her poems, her words, are to be savored. Her sparse use of punctuation might also lead the reader to more than one way of reading and understanding the poems. Her choice of words has the same effect in that they are evocative and can have different meanings. She leaves it to the reader to interpret them according to the contexts they bring to the readings and those evoked by them. Reading *Gifts* is akin to looking into a kaleidoscope and experiencing unique bursts of light and color combinations with every rotation of the tube. Each poem is a delicate bud that blooms into a wonderous world to be explored. Seeking and searching are themes the reader will encounter many times in the context of discovering what is not immediately apparent, what lies beneath the surface of things, beneath the meaning of individual words, beyond the gossamer thresholds between day and night, life and death, love and heartbreak.

Of course, working on the translation of an organic text does not, and cannot, do justice to the original, but I tried to the best of my ability to find similar words in English that would be as suggestive as those selected by Marjorie in Spanish. I was fortunate that she was always generous with her time, and we had many enjoyable conversations about the possible meanings conjured by her words. So, the translation captures a version of the original as seen through my eyes with Marjorie's guidance. Readers will be able to create their own version of the collection based on the images that the original text and translation suggest to them, as we all read through different lenses and those lenses can change from one reading to the next. I believe Marjorie's intention was to invite readers to make the collection their own, to savor, to rethink, to ponder, *despacito*, what her gifts mean to them.

The poems in this collection engage all the reader's senses. In terms of sight, we see everything that Marjorie writes. It is impossible not to form a mental image of what she is describing; her images are vibrant in color and detail. They are also cinematic. The objects, animals, and people described come to life and have movement; we find ourselves zooming in and out, focusing in our mind's eye on what the images might convey. With a particular emphasis on eyes throughout the collection, Marjorie communicates the importance of seeing beyond physical sight and recognizing that what is absent and cannot be seen in the physical world is still a presence that can be intuited and "seen" in a different light.

The collection is a delight to our ears. As we read, we hear the trees speaking, the rain falling, a cello being played in the depths of a lush forest, the sea and its waves, the silent sounds of the dead, the

PREFACE

silence that speaks volumes. The sense of touch is evoked through images of hands, faces, mirrors, and thresholds, to name just a few. The sense of smell is engaged through descriptions of food and objects in nature: fresh-baked bread, cilantro, lush forests (we can smell their greenness), the scent of the sea, the rain, flowers, and damp wool drying by the fireplace. Taste comes to life in Marjorie's rich descriptions of figs, wine, and bread. Many times, we find ourselves using multiple senses when reading her poems. We imagine ourselves peering into one of Marjorie's shifting mirrors and then stepping across an invisible threshold to engage with the poems on a visceral level.

The many themes that are prominent in Marjorie's other works can also be found in *Gifts*. She was a prolific writer who delighted in playing with words. Words to her were animate objects with a magical power all their own. She had an uncanny ability to work with them, to cast them, to give them meaning, to assemble them in order to, as she often said, "rebuild the world." She loved words, writing, books, and we see that love and fascination reflected in her vivid descriptions of how letters come together, how words form, how libraries, especially "nocturnal" libraries, are a portal to an infinite source of words, sentences, thoughts, ideas, and realms. The reader who enters Marjorie's nighttime libraries in the silent darkness that harbors mysteries and secrets to be discovered, understands the tremendous power of the written word and books to imagine different versions of this world and worlds beyond this one.

Another theme that abounds in this collection is Marjorie's love of Mother Nature, especially the sea, another animate entity that has its own realm that is a gift to be prized. We should pay attention to its sounds, its ability to reflect light and darkness, its mysteries. The sea is a gift that keeps giving, that always returns. Marjorie also uses recurrent ecological and astral images. The trees, the leaves, the wind, and the rain all speak to us; the stars guide us; the fireflies light up the darkness; the forest embraces us. Mother Nature is one of the greatest gifts that Marjorie encourages us to engage with, enjoy, respect, nurture, and protect.

PREFACE

Love in its many manifestations is a central theme of *Gifts*. We see new love, old love, uncertain love, and unfinished love. Love is not only the love we share with people, but also the love of cherished animals, objects, and words. Once more we see Marjorie's fascination with the incomplete and uncertain nature of things in her allusions to love and heartbreak. Love is as fluid as words; it shifts, it changes, it matures, it goes away, it returns, it is a mystery.

Other themes include history, faith, family, reflections, light and darkness, thresholds, death and spirits. Readers are invited to enter a liminal, magical, in-between space where they can explore all Marjorie's gifts that harbor messages to be unveiled and contemplated. She tells us about the importance of living in the here and now, remembering the past through memory, and imagining the future. She reminds us that words are portals, messengers. She invites us to cross thresholds, to enter concave mirrors, to see ourselves reflected in different realms, realms that are magical yet possible. *Gifts* is a living, enduring organism. It is, in some respects, Marjorie, still alive in our hearts and imaginations. She has crossed the ultimate threshold, but she has taught us that all thresholds are porous; the boundary between realms is whisper thin and the only requirement for entering is an open mind and an abundant heart.

I miss Marjorie terribly, but I can still find her in her work, imagine her in the "nocturnal library" reading and composing, staying in touch with us through her words, through Mother Nature's beauty in which she will always be reflected. I cannot look at a brilliant star or a firefly aglow or a pile of autumnal leaves or hear a melodic wind or a cresting sea without thinking of her. I know Marjorie would want you to read this collection with joy, and with love and wonder in your heart. I hope it helps to draw you closer to her and that you will continue to hear her voice on the wind and in your mind's eye.

Alison Ridley, Translator, June 2025

El amor y sus ausencias

Love and Longings

~ 1 ~

Hablar del amor, de las huellas del desamor, de la memoria intransitable, del tiempo intermitente, de lo que nos decíamos y lo que no nos decíamos. El amor como la quietud de la nostalgia ... Hablar del amor cuando ya nada queda, tan solo cenizas, huellas, cuando se mide la ausencia, cuando no se habla de lo que es y de lo que fue. Pero siempre el amor como un caminar infinito, como un decir y un no decir. El amor como la vida, como el agua viva de las cosas.

Speaking about love, about the signs of heartbreak, about impenetrable memory, about intermittent time, about what we did and did not tell each other. Love, like the stillness of longing ... Speaking about love, when nothing remains, only ashes, traces, when absence is measured, when we do not speak of what is or what was. But there is always love, like an endless promenade, like a manner of speaking and not speaking. Love, like life, like the living water of things.

~ 2 ~

Todo amor nace de una carencia, de ese deseo intangible que se acerca, pero no consuela, de ese deseo que es como un infinito. Todo amor nace de lo que añoramos y de lo que se desliza entre nuestros dedos. El amor es el alma inefable del sentir.

All love is born of absence, of that intangible desire that draws near but does not console, of that desire that seems endless. All love is born of what we long for and what slips through our hands. Love is the ineffable heart of feeling.

~ 3 ~

La mirada del amor nos vuelve perpetuos y a veces ausentes. La carencia que busca el amor nos llena de deseo inefable … La mirada del amor no duda, tan solo nosotros dudamos.

Love's gaze makes us eternal and sometimes absent. Scarcity that searches for love fills us with overwhelming desire … Love's gaze does not waver, only we waver.

~ 4 ~

Nuestro amor yace en el no decir, como una palabra extraviada en un diccionario imaginado.

Our love resides in what is not said, like a lost word in an imaginary dictionary.

~ 5 ~

El amor se convirtió en el resquicio intermitente del fuego. Sin prisa terminó siendo la historia de las cenizas, una ilusión sin anhelo, un dolor tan hondo y frágil como un abismo. Dejé de escucharte. Éramos tan solo una llama invisible atrapada entre las leñas sin ninguna historia de amor que inventar.

Love became the intermittent crackling of a fire. Without haste, it turned into the story of ashes, an illusion without desire, a pain so deep and fragile like an abyss. I stopped heeding you. We were just an invisible flame trapped between the logs without a love story to contrive.

~ 6 ~

"Entró el amor por la puerta", dijo Violeta. Yo seguí con, "Salió el amor por una ventana desde donde no regresó" y "El amor no se guarda, se deja ir, no se retiene". El amor no es un pájaro cautivo sino el resplandor del deseo.

"Love entered through the door," said Violeta. I added, "Love left through a window and never returned," and "Love is not enduring, it is relinquished, it is not retained." Love is not a captive bird but rather the resplendence of desire.

~: 7 :~

Comprendí que el juego de las ausencias era el juego del desamor y no sabía ni jugar a las ausencias ni al desamor ...

I understood that the game of absences was the game of heartbreak, and I did not know how to play at absences or indifference...

~: 8 :~

Quise hacer del amor una memoria, la memoria de tu piel imaginaria, y dejar tan solo la huella de la ausencia. No hubo ni calendarios ni cartografías. Los relojes de la noche se iban a morir junto a los árboles disecados. Solo medí el tiempo entre tu presencia y tu ausencia.

I tried to make a memory out of love, the memory of your imaginary skin, and leave behind only a trace of absence. There were no calendars or maps. The nighttime clocks were going to expire along with the desiccated trees. I only measured the time between your presence and your absence.

~: 9 :~

Quererte, simplemente quererte con las imperfecciones del desamor, con las ausencias perturbadoras. Quererte con tus manos que ya no se acercarán a las mías. Quererte con todo lo que ocultas, con las imposibles respuestas. Quererte como la voz de un reloj en la distancia del anochecer. Quererte con el ritmo de los días cuando te alejas y pareciera que ya no estás. Quererte sin buscarte, tan solo sentir que llegas a mí como una ráfaga silenciosa. Te posas en mi oído. Nada cuentas y te regresas a ese sitial donde nadie te encuentra. Quererte en lo inefable de las horas, en el precipicio del tiempo sin interrogantes. Tan solo quererte.

Loving you, simply loving you with the blemishes of heartbreak, with your unsettling absences. Loving you with your hands that will no longer reach for mine. Loving you with all that you hide, with impossible answers. Loving you like the voice of a clock in the distance of nightfall. Loving you to the rhythm of days when you distance yourself and it seems you are no longer there. Loving you without searching for you, just sensing that you visit me like a silent gust. You perch on my ear. You say nothing and return to that place where no one can find you. Loving you in the transcendence of hours, in the abyss of time without questioning. Simply loving you.

10

El amor se escribe en silencio. El silencio se escribe entre la sombra de las palabras que son al mismo tiempo nuestros labios. Te obsequié una flor y dos palabras. La flor era la rosa de la poesía, sus pétalos caían dulcemente como la muerte plácida y las palabras eran solo dos. No las reconocía, pero tal vez eran el principio y el fin del alfabeto. Te las obsequié porque en ellas estaba todo un universo.

Love is written in silence. Silence is written amid the shadows of words that are also our lips. I gave you a flower and two words. The flower was the rose of poetry, its petals fell softly like a placid death, and the words were only two. I did not recognize them, but maybe they were the beginning and the end of the alphabet. I gave them to you because they contained within them an entire universe.

~: 11 :~

Los amores ocultos, los que nacen en ciudades invisibles. Los amores que hablan desde la penumbra en los idiomas imposibles, aquellos que habitan en las caricias quietas al espantar la tristeza. Amores ocultos en lo fugaz de una memoria o en la fragancia de una estación innombrable, tras un espejo lleno de promesas como el mar infinito que atraviesa los confines de la imaginación y la memoria.

Hidden loves, those born in invisible cities. Loves that speak from the shadows in impossible languages, those that live within soothing caresses after scaring away sadness. Hidden loves in the evanescence of a memory or the fragrance of an unmentionable season, behind a mirror filled with promises like the infinite sea that spans the confines of imagination and memory.

~: 12 :~

Antes de que te conociera te sentí llegar. Eran tus pasos, tus cuadernos abiertos llenos de otoños y palabras en sepia, recuerdos de un amor que aún no hacía su memoria.

Before I met you, I sensed your arrival. It was your footsteps, your open notebooks full of autumns and words in sepia, recollections of a love that still had not made its memory.

~: 13 :~

No buscaba en el amor sobriedad o recato, tampoco exigencias, tan solo una pasión despeinada, una ilusión como el mapa invisible del cielo, un amor lleno de irreverencias, distancias y lejanías.

I was not searching for temperance or modesty in love, or even demands, only a tousled passion, an illusion like the invisible map of the sky, a love awash in irreverence, distance, and remoteness.

~ 14 ~

El amor estaba en los detalles, en la vendedora del pueblo que durante la guerra ofrecía la plenitud de las flores silvestres y en la primavera ofrecía a los transeúntes un ramo de violetas. El amor pasaba por los detalles como aquella mujer que aguardaba en cada estación una carta de amor de algún desconocido o de algún ser imaginario … El amor estaba en los detalles, en las manos minúsculas de un niño aguardando la abundancia de una caricia.

El amor estaba en el esperar, en aquellos tiempos cuando la fluidez de aguardar los signos, las caricias imaginarias, formaban las horas, los días, las noches. El amor estaba en el no saber, en la sorpresa de lo inesperado, en las geografías de la luz. El amor estaba en los detalles, cuando la oscuridad cruzaba umbrales para cabalgar hacia la luz. El amor estaba en los detalles, en el lenguaje de las cosas, en una taza de té, en una copa de vino, en el placer de lo diminuto, en la grandiosidad de un niño que dibuja los trazos de un mapa imaginario.

Love was in the details, in the village saleswoman who offered an abundance of wildflowers during the war and, in the spring, a bouquet of violets to passersby. Love overlooked details, like the woman who waited in every season for a love letter from a stranger or an imaginary person … Love was in the details, in the small hands of a child awaiting the splendor of a caress.

Love was in the waiting, in those times when the fluidity of anticipating signs, imaginary caresses, turned into hours, days, and nights. Love was in the not knowing, in the surprise of the unexpected, in the geographies of light. Love was in the details when darkness crossed thresholds to travel towards the light. Love was in the details, in the language of things, in a cup of tea, in a glass of wine, in the pleasure of small things, in the grandeur of a child drawing an imaginary map.

~ 15 ~

Meditamos sobre el ahora. El pasado reposa como un día de muerte … Todo amor guarda la promesa de lo extraviado, de la tristeza y de la ausencia. Todo amor guarda la promesa de una presencia fugitiva.

We ponder the here and now. The past rests, like a day of death … All love holds the promise of what has been lost, of sadness and absence. All love holds the promise of a fleeting presence.

~ 16 ~

Aprendes el arte de las esperas tal vez a sabiendas que nadie llegará a ese cuarto donde recostada sobre el ritmo de las palabras cuentas, cantas, te olvidas. Te perfumas toda para aguardar al que no llega y a lo que no llega. Tienes tiempo para pronunciar los nombres del desamor. Ese amor oculto fue transitorio e intangible. Ese tiempo de las esperas se desvaneció como el deseo. Ya no convives con la ausencia. Te alejas de ella. Aprendes a nombrar lo que se fue para dejarlo partir.

You learn the art of waiting, perhaps knowing that no one will come to that room where, reclined upon the rhythm of words, you recount, you sing, you forget. You perfume your body to wait for someone who does not come, for things that do not happen. You have time to voice the names of those who left you heartbroken. That secret love was fleeting and intangible. That time of waiting faded like desire. You no longer live with absence. You distance yourself from it. You learn to name what went away in order to let it go.

~ 17 ~

Amas la luz del mundo, el silencio del mundo, el temor y la gracia del mundo. Te gustan su ira y sus tristezas, su felicidad incandescente y sus velas para los cumpleaños lejanos que nunca se celebran. Te enamoras del mundo con su vasija de imperfecciones, sus espejos quebrados entre los prados. Todo en ti es deseo y una leve alegría que te cubre de violetas y la luz que se filtra entre los otoños. Todo lo amas. Todo lo deseas. El universo palpita en tu corazón. Quieres jugar con los ecos de la infancia, sentirlo todo como una niña asombrada y no dejas que nadie te robe un día o una hora. Te enamoras del mundo. Lo festejas.

You love the light of the world, the silence of the world, the fear and grace of the world. You like its anger and its sorrow, its incandescent happiness, and its candles for distant birthdays that will never be celebrated. You fall in love with the world, with its imperfect vessels, its broken mirrors strewn among the meadows. Everything in you is desire and a faint happiness that swathes you in violets and the filtered light of autumn. You are enamored with everything. You desire everything. The universe beats in your heart. You want to play with the echoes of childhood; to feel everything like an awestruck girl, and you do not let anyone rob you of a day or even an hour. You fall in love with the world. You revel in it.

~ 18 ~

Un día, o tal vez en la noche del mundo, mirarás aquella foto sacada en un tiempo feliz. Mirarás cómo tú y él se inclinan sobre el aire, el espacio prohibido. Sentirás un leve roce en el hombro, una mariposa que vuela dichosa como si ella siempre fuese un cómplice de aquellos tiempos cuando tan solo a él lo querías, a él lo deseabas, a él lo buscabas y con tan solo verlo eras feliz.

No era un amor que anhelaba o que poseía. No era un amor que acechaba ni la violencia ni el sexo. Era un amor que tan solo era eso: el amor que sugiere la presencia que está en todas partes, el sentir profundo. Era ese amor cuando ya pensabas que todo se había vuelto costumbre, peripecia, desorden, cuando apareció lo que no buscabas, lo que no anhelabas y desde entonces y tan solo entonces te llegó él con sus ojos, con su luz, con su mirada como la cascada más profunda del saber.

Mirarás la vieja fotografía ni con nostalgia ni con deseos, tan solo con la suavidad de una memoria, con el saber que en los tiempos ordinarios y en la cotidianidad de las cosas, ha llegado alguien para tan solo estar, para tan solo dejarte sentir, ser, convivir. Es un amor oculto, el exquisito amor oculto, el bendecido, el inquieto y el silencioso que todo lo dice, que nada pide, que está.

One day, or perhaps on a night of the world, you will look at that photo taken at a happy time. You will look at how you and he recline upon the air, that forbidden space. You will feel something lightly brush your shoulder, a butterfly that flits happily around as if it was always an accomplice of those times when you loved only him, you wanted only him, you searched only for him, and the simple act of glimpsing him brought you joy.

It was not a selfish or coveted love. It was not a love in pursuit of violence or sex. It was a love that was just that: the kind of love that evokes its ubiquity, its depth of feeling. It was that kind of love that happened when you thought everything had become habit, contretemps, turmoil, when what you were not looking for, what you did not long for, appeared, and since then, and only then, he approached you with his eyes, with his light, with his gaze like the richest deluge of knowledge.

You will look at the old photograph with neither nostalgia nor desire, only with the lightness of a memory, with the knowledge that in ordinary times and the everyday nature of things, someone has arrived just to be there, just to let you feel, be, coexist. It is a secret love; that exquisite secret love, blessed love, restless love, and silent love that says everything, that asks for nothing, that simply is.

~ 19 ~

Aprenderás a que el olvido del desamor sea más liviano, no como el olvido de la historia y su estupor. Aprenderás que sin buscar encontraste lo que buscabas, pero igual aprenderás que lo que se encuentra se deja ir. Lo importante es no pedir explicaciones, ni el intento de entender. La vida tiene su propia cintura de río, su propia sonrisa, sus grandes y pequeñas traiciones que tal vez podríamos mirar como travesuras. Y entre el hilo fronterizo del amor y del desamor aprenderás que la luz se asemeja más a los buenos deseos que la oscuridad que no persevera. Aprenderás sin entender lo que aprendes, y la felicidad volverá a tus días como todo lo que siempre regresa, como el mar que también llora contigo, que te sonríe en cada vaivén y vuelves con él a nacer de nuevo.

You will learn to make the oblivion of heartbreak lighter, not like the oblivion of history and its stupor. You will learn that, without searching, you found what you were looking for, but at the same time you might learn that whatever you find will also fade away. The important thing is not to ask for explanations or try to understand. Life has its own river belt, its own smile, its momentous and inconsequential betrayals that could perhaps be viewed as mischief. And, on the borderline between love and heartbreak, you will learn that light resembles good wishes more than darkness, which does not endure. You will learn without understanding what you learn, and happiness will return to your days like everything that always returns, like the sea that also weeps with you, that smiles at you in every ebb and flow, and you return with it to be born again.

Los libros que sueñan

Books that Dream

1

La piel de los libros, el sortilegio de las palabras. La piel de los libros que custodian la tenue memoria de lo que fuimos y seremos. La piel de los libros como la memoria del amor recostada en la silenciosa biblioteca de las palabras. Cada palabra un hechizo, una victoria a la constancia y la historia.

The jackets of books, the enchantment of words. The jackets of books that safeguard the fragile memory of what we were and what we will become. The books' jackets, like love's memory reposing in the silent library of words. Each word a spell, a triumph to constancy and history.

2

¿Qué habrá en los crepúsculos cuando el viento y los fantasmas conjuran sus sortilegios? ¿Qué dirán los libros cerrados? ¿Con qué soñarán? ¿Habrá algo entre las cubiertas de los libros? ¿Nos contarán de tormentas de viento y de arenas? ¿Las palabras cantarán sus alfabetos? Solo sé que cada palabra será como las siemprevivas que nos traerán el deleite de la luz, la ambigüedad y la incertidumbre de las cosas. En fin, una luminosa vida a través de una página, un verso, un sonido entre las páginas que hablan.

What might there be at twilight dusk when the wind and ghosts conjure their spells? What might closed books say? What might they dream? Could something dwell between the books' covers? Might they regale us with tales of windstorms and sandstorms? Might their words chant their letters? All I know is that each word might be like the everlasting flowers that bring us the joy of light, ambiguity, and the uncertainty of things. In sum, a luminous life by way of a page, a line of poetry, a sound amid pages that speak.

3

Entras a la casa deshabitada donde anidan el silencio y los pájaros ausentes. Temerosa enciendes las lámparas de la memoria y esperas la llegada de los muertos. Los sientes entre los ecos de las sombras. Imaginas el silencio en busca de palabras, pero de pronto un sendero te lleva al cuarto de los hallazgos donde una biblioteca te aguarda. Te aguardan los libros de la noche. Se abren para ti y te cuentan historias. Has estado extraviada del tiempo de las cosas, pero has llegado a ellos, los libros. Tocas su sombra. Se iluminan con la caricia y la nobleza de tu mano y sabes que mientras hay un solo libro, ninguna casa estará deshabitada. Y en aquel libro encontrarás el consuelo para las tristezas como para la alegría.

You enter the uninhabited house where silence and absent birds dwell. Fearful, you light the lamps of memory and await the arrival of the dead. You sense their presence in the echoes of shadows. You imagine the silence searching for words, but soon a path leads you to the room of discoveries where a library awaits you. The nocturnal books wait for you. They open for you and tell you stories. You have been isolated from the time of things, but you have managed to reach them, the books. You touch their shadow. They light up at your caress and the elegance of your hand, and you know that with the existence of even one book, no house will be uninhabited. And, in that book, you will find consolation for sadness as well as happiness.

Los libros de la noche, los que aguardan y esconden las fragancias de las rosas muertas en sus páginas ocultas. Me asomo a la biblioteca de la noche. Me imagino a mi padre encendiendo la lámpara del amor que es la lámpara de la sabiduría a lo lejos. En las mesas generosas de caoba yacen los libros de medicina donde el cuerpo humano aparece oculto y desnudo. No abro aquellos libros. Tal vez les temo. Pero sí me acerco a los libros de poemas. Mis dedos surcan versos. Mis manos atraviesan poemas de amor y anoto ciertas palabras en las palmas de las manos. Quiero recomponer e imaginar el mundo. Los libros de la noche tal vez me aguardan. Quiero dormir sobre ellos y sorprenderme porque los reconozco. No quiero apuntar nada en ellos, ni mi nombre, ni mis direcciones. Sabré llegar a ellos. Me aguardan como si yo misma regresara al amor. Me quedo con ellos toda la noche. Reposo junto a ellos. Escribo en la invisibilidad de las palabras.

Nocturnal books, those that wait and conceal the fragrance of withered roses in their shrouded pages. I peer into the nocturnal library and imagine my father lighting the lamp of love, the lamp of wisdom, in the distance. On large mahogany tables lie medical books in which the human body appears covered and naked. I do not open those books. Perhaps I fear them. But I do approach the books of poetry. My fingers sail over their verses. My hands explore love poems, and I jot down certain words on the palms of my hands. I want to rebuild and imagine the world. Perhaps the nocturnal books await me. I want to sleep on them and be surprised because I recognize them. I do not want to write anything in them, not even my name or my addresses. I will know how to reach them. They await me as though I am returning to love. I stay with them all night. I rest alongside them. I write in the invisibility of words.

El lector se acomoda a los gestos del libro. Escoge el sitial de la luz, aquel espacio del silencio y del decir. Como en la antigua biblioteca de su memoria abre el libro que le recuerda a un rollo de papiro. Descalzo y vulnerable se acomoda a encontrarse entre un alfabeto que ya no le es desconocido. Como en los siglos de antaño, elige leer en voz alta. No hay nadie en la biblioteca que no haya llevado siempre dentro de sí. El lector se acomoda a lo desconocido y a lo que conoce desde antaño sin saberlo. Un libro, una palabra, una historia en la noche del mundo que es la noche del libro.

The reader becomes accustomed to the gestures of books. He selects the seat of light, that place of silence and speech. As in the ancient library of his memory, he opens a book that reminds him of a papyrus scroll.

Barefoot and vulnerable, he becomes comfortable finding himself amid an alphabet that is no longer unknown. As in centuries of old, he opts to read aloud. There is no one in the library who he has not always carried within himself. The reader becomes accustomed to the unknown and to what he knew from long ago without realizing it. A book, a word, a story in the night of the world that is the night of the book.

~: 6 :~

Al atardecer ella deslizaba sus pies descalzos por el musgo. Sentía el verdor de la tierra y el aliento de ese verdor a lo lejos donde el bosque y la niebla creaban un nuevo horizonte. Ella miraba esa casa pequeña y noble con la luz encendida al atardecer. Soñaba con esa casa en la cercana distancia. Quería llegar ahí porque sabía que en esa casa sumida entre el mar y las nieblas estaba la biblioteca de la noche donde los libros aguardaban con amor y lealtad, donde se adormecían reposando en sus propias palabras. Y, en esa biblioteca, el tiempo era el tiempo de los relojes eternos y era un tiempo sin olvido. Cada palabra un universo, un enjambre recordando, y ella se podía asomar al abismo de todos los tiempos, de todos los regresos. La biblioteca de la noche la esperaba para imaginar la vida.

At twilight, she slid her bare feet through the moss. She felt the greenness of the earth and the breath of that lushness in the distance where the forest and the fog created a new horizon. She gazed at that small, noble house with its light glowing at dusk. She dreamed of that house in the near distance. She wanted to go there because she knew that, in that house submerged between the sea and the mist, was the nocturnal library where books waited lovingly and loyally, where they fell asleep resting on their own words. And, in that library, time was the time of eternal clocks, a time without forgetting. Each word, a world, a swarm remembering, and she could peer into the abyss of all times, of all returns. The nocturnal library was waiting for her to imagine life.

~: 7 :~

En la biblioteca de la noche se detienen todos los relojes. También ellos anhelan las horas claras, las que añoran el vacío del tiempo. Retrocedo mi reloj un par de horas o tal vez escojo un día en que ya todo pasó. Es tan solo entonces que subo por las escaleras imaginarias o las que sí son ciertas, pero a la vez imaginarias. Es tan solo en aquel tiempo del entonces donde una biblioteca me aguarda, los libros atados por cintas de colores, sin cronología, sin los nombres de los autores. Me acomodo en una de esas sillas viajeras, las cubiertas de una felpa violeta. Extiendo una mano. Nada busco, pero encuentro lo que andaba buscando. Me detengo en una palabra, avanzo en una frase, me acerco a un párrafo y me dejo llevar por el azar, por una estrella distante que me guía. Soy una historia más, un cuento de hadas, un poema por hacer una ruta para encontrarnos.

In the nocturnal library, all the clocks stop. They, too, yearn for pure hours, hours that long for the emptiness of time. I turn my clock back a couple of hours or perhaps I choose a day when everything has already happened. It is only then that I climb the imaginary stairs, or stairs that are real and imaginary at the same time. It is only in the time of then that a library awaits me, its books tied with colored ribbons, without a chronology, without their authors' names. I sit on one of those travelling chairs made with purple velvet. I extend my hand. I am not searching for anything, but I find what I was looking for. I stop at a word, I advance a sentence, I approach a paragraph, and I let myself be carried away by chance, by a distant star that guides me. I am one more story, a fairytale, a poem designed to chart a course for us to find each other.

~: 8 :~

De pronto me lleno de palabras. Me unto de ellas. Me cubren en la historia de todos los libros de todas las bibliotecas, de todos los azares, de todos los misterios del azar del amor del que nada añora, del que nada busca, del que se aparece sin buscar. De todos los misterios, la ilusión del azar, el creer a veces que todo lo escogemos, pero nada escogemos, ni los tiempos de los encuentros y los desencuentros, ni el amor que tan solo llega como un sonido, como un vértigo, como una promesa incierta, el amor que no es elección porque no se escoge, tan solo es, tan solo llega, tan solo anhela.

Suddenly I am brimming with words. I smear them all over me. They cover me in the story of all the books in all the libraries, the story of all the happenstances, of all the mysteries of chance, the mysteries of love; a love that yearns for nothing, that searches for nothing, that appears without searching. Of all the mysteries, the illusion of chance, the belief that sometimes we choose everything, but we choose nothing, neither the time of discoveries and disagreements nor love that simply appears like a sound, like a frenzy, like an uncertain promise, love that is not chosen because it can't be chosen, it simply is, it simply appears, it simply yearns.

Un papel, la lámpara del amor que es la lámpara de los anochecidos, las noches y las palabras, las únicas que nos ayudan a imaginar al mundo como un mar infinito, como las constelaciones infinitas en algún momento de la noche cuando sacas de las viejas repisas de madera un libro al azar. Te sorprendes ante ese gesto antiguo de buscar un libro en la biblioteca de la noche y encontrarte con el ritmo de las palabras que es el ritmo del mar que llevas dentro.

A piece of paper, the lamp of love that is the lamp of dusk, nights, and words, the only words that help us to imagine a world like an infinite sea, like infinite constellations at a certain moment of night when you pull a random book from the old wooden shelves. You are surprised by this ancient gesture of searching for a book in the nocturnal library and finding the rhythm of words that is the rhythm of the sea you carry within you.

Las palabras centelleantes

Shimmering Words

~: 1 :~

Aprenderás a entender la espesura de los espejos y el dolor de tu propia sombra cuando en ellos te miras. Aprenderás a celebrar los días que transcurren en medio del desencanto y el encanto de los días. Regresarás a ser esa niña que comenzó amando un árbol, después un bosque, esa niña que se enamoró de una estrella. Aprenderás del hilo tenue de las horas, de lo que ya no regresa y de lo que es. El futuro es el tiempo del ahora, el futuro del pasado. Aprenderás a navegar por el portal de tu propio rostro.

You will learn to understand the power of mirrors and the pain of your own shadow when you gaze at your reflection. You will learn to celebrate days that happen in the throes of disenchantment as well as enchanting days. You will return to being that young girl who started out loving a tree, then a forest, that girl who fell in love with a star. You will learn from the faint thread of hours, from what no longer returns, and from what is. The future is the time of now, the future of the past. You will learn to navigate through the portal of your own visage.

~: 2 :~

¿De qué están hechas las palabras? ¿De la lluvia que limpia el mundo y cae con la lenta quietud al mar? ¿De qué están hechas las palabras? ¿De fuegos tenues? ¿O tal vez se enhebran en alfabetos infinitos que tan solo recuerdan? ¿Las palabras serán la memoria del amor? ¿Qué guardarán las palabras de la noche, las que en la lentitud se retiran hacia el reposo cuando los relojes descansan y comenzamos a hablar con los muertos? ¿Dónde se irán las pausas y los intervalos, el murmullo de las palabras no dichas?

What are words made of? The rain that cleanses the world and falls with measured silence to the sea? What are words made of? Softly burning fires? Or perhaps they string together in infinite alphabets that only they remember? Could words be the memory of love? What might nocturnal words conceal? The ones that slowly depart to rest when clocks sleep and we begin speaking to the dead? Where will the pauses and silences go, the murmur of unspoken words?

❦ 3 ❧

Una página yace abierta en un escritorio hecho de bosques y helechos. ¿Intentaremos salvar el alfabeto de las ilusiones para que tal vez alguien hable de lo que una vez fuimos?

A page lies open on a desk made of forests and ferns. Will we attempt to save the alphabet of dreams so that perhaps someone will speak of what we once were?

❦ 4 ❧

Escribir la voz del bosque como la voz de los violines fugitivos de los judíos en los bosques de Europa. Escribir la voz del bosque como olas movedizas sobre el ramaje tan espeso. La voz del bosque acompañando al silencio cuando un árbol muere en medio de la arboleda que lo viera nacer. Escribir la voz de un árbol que muere para volver a nacer...

Writing the forest's voice like the voice of the Jews' fugitive violins in Europe's forests. Writing the forest's voice like shifting waves on thick branches. The voice of the forest accompanying the silence when a tree dies in the middle of the grove where it was born. Writing the voice of a tree that dies to be born again...

❦ 5 ❧

Todo en ti fue el alfabeto sobre un cuaderno abierto en la lejanía.

Everything in you was the alphabet on an open notebook in the distance.

~ 6 ~

Éramos tal vez un solo collar de palabras que se enviaban de un mar al otro, las que solo se pronuncian en la soledad del silencio cuando nos enviábamos mensajes tan breves como una estrella fugaz o nos celebrábamos a través de una canasta de palabras.

Perhaps we were a single strand of words sent from one sea to another, words only uttered in the solitude of silence when we would send each other messages as fleeting as a shooting star or celebrate each other through a basket of words.

~ 7 ~

Entre nosotros, solo la voz de las palabras, tan solo epístolas fugitivas, cartas errantes del amor. Nos hablábamos y nos mirábamos a través de los silencios.

Between us, only the voice of words, only fleeting missives, errant love letters. We used to speak to each other and gaze at each other by way of silence.

~ 8 ~

Antes de escribir, me perfumo toda y comienzo a urdir palabras sin premura. Te las ofrezco y ahora son todas tuyas.

Before writing, I perfume myself all over and begin to weave together words without haste. I offer them to you, and now they are yours.

~ 9 ~

El gesto de escribir es el gesto de amor, una extraña fe que irrumpe, se precipita. Nada eliges porque lo que llega no es lo esperado. Amas la tinta azul de las palabras como el oleaje del mar que despierta. Cada verso es un latir.

The act of writing is an act of love, a strange faith that bursts forth and makes haste. You do not choose anything because what arrives is not what you expect. You love the blue ink of words like the swell of the sea that awakens. Each verse is a heartbeat.

10

Escribir, sentir que las palabras te habitan y se congregan más allá de nuestra mirada. Escribir para olvidarse de los silencios y escribir para traerlos de nuevo.

Writing, feeling that words inhabit you and congregate beyond our gaze. Writing to forget about silences and then writing to retrieve them once more.

11

En el fondo del mar, así como en el fondo de las cosas, entre los abismos y los precipicios, me encontré con tu mirada. En la vieja casona de la imaginación los candados escribieron con tinta azul. Las cobijas estaban hechas de palabras y nosotros nos arropamos en ellas hasta el amanecer que nos despertó con la luz del silencio.

In the depths of the sea and in the heart of things, between abysses and precipices I came upon your gaze. In the old imaginary mansion, the padlocks wrote with blue ink. The blankets were made of words, and we dressed in them until dawn roused us with the light of silence.

12

Escribir, perfumarse toda, perfumar una hoja, una hoja de papiros, una hoja de un árbol siempre generoso. Escribir para no olvidar, para olvidar. Escribir por un hábito desesperado, por una vocación misteriosa. Escribir por el amor frondoso de las palabras.

Writing, perfuming oneself all over, perfuming a leaf, a papyrus leaf, a leaf from an always-generous tree. Writing to not forget and to forget. Writing out of a desperate habit, out of a mysterious vocation. Writing out of an abundant love of words.

13

Antes de aprender a escribir, aprendí a escuchar voces, las hojas del otoño y el silencio de las cosas que reposan. Luego llegaron las palabras … Se imaginaron las unas a las otras. Fueron un collar de historias.

Before learning to write, I learned to listen to voices, the autumn leaves, and the silence of things at rest. Then words arrived … They imagined one another. They were a strand of stories.

14

"Ya no está". "No regresará para jugar con mis manos". "No me acompañará a leer". "No compartirá ni el otoño ni mi memoria". Las palabras se secaron como un río viejo o un bosque que arde en el verano. Entonces supe que el no estar es estar en el abismo. Es no tener voz, no sentir una palabra deslizarse entre nuestros dedos.

"He is no longer here." "He will not return to touch my hands." "He will not read with me." "He will not share my memory or another autumn with me." The words dried up like an old river or a forest ablaze in summer. That is when I knew that not being present is the same as being in an abyss. It is not having a voice, not feeling a word slip between our fingers.

~ 15 ~

En la hora antes de morir, ¿qué recordaremos? ¿Cuál será un último anhelo? Tal vez observemos una página en blanco en señal de espera ... en busca de una sola palabra o tal vez no esperando nada.

In the hour before death, what might we remember? What might be our final wish? Perhaps we will contemplate a blank page, expectant ... in search of a single word or perhaps waiting for nothing at all.

~ 16 ~

Después de un largo viaje de geografías ambiguas, regresamos a la fe de las palabras. Nos aguardan, son bondadosas, cada una en su soledad, cada una junto a la otra.

After a long journey of ambiguous geographies, we returned to the constancy of words. Words that await us, that are kind, each one in its solitude, each one together with the next.

~ 17 ~

Un día tenía frío y soñé entre las palabras de un invierno brumoso. Tejí un manto imaginario con ellas y en ello llegó la tibieza que eras tú. En la urdimbre de los sonidos fue portal el alfabeto. La niebla cubrió a las palabras entre sustantivos mientras desnudó a adjetivos e interrogó a adverbios. La niebla cubre el corazón que ama y juega con nuestros rostros.

One day I was cold and dreamed amid the words of a foggy winter. I knitted an imaginary mantle with those words and the warmth that was you returned. In the warp of sounds, the alphabet was a portal. Fog obscured words between nouns while it disrobed adjectives and queried adverbs. Fog conceals the heart it loves and trifles with our faces.

✑ 18 ✑

¿Qué éramos en los juegos de las ausencias cuando nada de nosotros existía, cuando las palabras no existían? La voz de las palabras es la voz del amor.

What were we in the lexicon of absences when no part of us existed, when words did not exist? The voice of words is the voice of love.

✑ 19 ✑

Tu mirada se confunde con la niebla como también con las palabras que alcanzan a despertarse entre tus dedos que revelan el transcurrir de los días, los senderos de las manos, las líneas que revelan presagios.

Your gaze blends with the fog as well as with words that awaken between your fingers, fingers that reveal the passing days, the pathways of your hands, their lines revealing portents.

✑ 20 ✑

Amas las palabras, las que entran solas y las que hechizan. Amas el olor a la tinta negra, al oleaje de la pluma sobre la diáfana blancura de las palabras, las que se deslizan entre tus manos. Son las líneas de tus manos, la tinta verde, la magia de lo que te llega. Te sientas, las puertas se abren y se cierran. El embrujo de la luz cae sobre las cosas. Siempre la luz que nunca puede ser la misma porque el escribir nunca puede ser igual. Sientes que el deseo te habita. Es el deseo de escribir, de escribir en esa soledad que solo se encuentra en los libros. No hay otra soledad más que la de los libros que vas haciendo y lo haces sola donde nadie llega ni nadie puede llegar. Escribías de niña mientras soñabas. Nadie se acercaba a ti. Las otras niñas no querían jugar contigo. La soledad de las mujeres que escriben es temida como la soledad de las mujeres que solo salen en la noche para mirar al cielo.

SHIMMERING WORDS

You treasure words, those that appear unaccompanied and those that beguile. You love the scent of black ink, the surge of the pen upon the diaphanous whiteness of words that glide through your hands. They are the lines of your hands, the green ink, the magic of what appears before you. You sit down. Doors open and close. The bewitching light casts upon objects. The ever-present light that can never be the same because writing can never be the same. You sense that desire dwells within you. It is the desire to write, to write in that solitude that can only be found in books. There is no other solitude apart from that of the books you are composing, an act you perform alone when no one is present, and no one can reach you. As a child, you would write as you dreamed. No one approached you. The other girls did not want to play with you. The solitude of women who write is feared like the solitude of women who only go out at night to gaze at the sky.

21

El aprendizaje yacía en las palabras. Bastaba que con tan solo una borrábamos una historia de amor, la que empezó con las palabras no dichas, las reveladoras de un amor oculto, las que acariciaban en la inmensidad de las piezas oscuras como el mar que tan solo se vislumbraba desde adentro como una crisálida oculta. Aprendiste que todo se inició con una sola palabra, la misma que abría umbrales y la misma que clausuraba puertas, escondía los ventanales que daban al mar. Esa palabra se vestía de sedimentos oscuros como si nunca hubiera conocido el mar. Ahora buscas esa palabra, ese nombre para dejar que lo que se clausura no regrese más … Tan solo una palabra para cerrar el mundo.

Learning was found in words. With just one word, we erased a love story, one that began with unspoken words, words that revealed a hidden love, words that caressed in the vastness of dark rooms like the sea that could only be discerned from within like a hidden chrysalis. You learned that everything began with a single word, the same word that opened thresholds and closed doors obscured the windows facing the sea. That word was clad in dark sediments as though it had never known the sea. Now, you search for that word, that name to allow that which has ended to never return ... Just one word to end the world.

༄ 22 ༄

Antes de escribir, me perfumo toda. La textura de la piel trenza palabras y borda historias. Escribo sobre un lienzo blanco, una página iluminada que ha dejado la oscuridad. Escribo y bordo palabras o pinto palabras. Soy un lienzo donde moran las estrellas y el sol.

Before writing, I perfume myself all over. The texture of my skin weaves words and embroiders stories. I write on a blank canvas, an illuminated page that has escaped the darkness. I write and embroider or paint words. I am a canvas on which the stars and the sun dwell.

༄ 23 ༄

Las palabras serán la memoria del amor.

Words will be love's memory.

༄ 24 ༄

Las palabras ... Todo comenzaba con ellas. Amanecían descalzas, nos despertaban cuando la luz regresaba después de una noche oscura, pero sin sombras. Las palabras que señalaban el comienzo del día, las que tú cuidabas para llamar a tus hijos cuando los invitabas a habitar el sendero de la luz. Las palabras que a veces dormían en tu cabello como si fueran la raíz del pensar.

Las palabras ... Las que añorabas. Siempre tú y las palabras. Las aguardabas como aquellas palabras desde otro mar. Las palabras de un amor oculto, el más delicado de todos. Las palabras del amor oculto que te asombraban, que entraban por tu piel, reposaban en tus ojos y anochecían en tu mirada. Esas palabras como el sonido de una campana en un jardín al anochecer. Las palabras, todas ellas, las amadas palabras, las imaginabas mientras mirabas la luz de las luciérnagas.

Words ... Everything began with them. They awoke unadorned, they roused us when the light returned after a night that was dark but unobscured by shadows. Words that signaled daybreak, those you held onto to beckon your children when you invited them to dwell on the path of light. Words that sometimes slept in your hair as though they were the origin of all thought.

Words.... Those you longed for. It was always just you and words. You awaited them like words from another sea. Words of a secret love, the most fragile kind of love. Words of love that amazed you, that absorbed into your skin, that rested on your eyes and fell into your gaze. Those words, like the sound of a bell in a garden at dusk. Words, all words, beloved words. You imagined them as you gazed at the fireflies' light.

~ 25 ~

Las palabras que decimos en el silencio de la noche, en el laberinto espectral de los sueños. Las palabras que tan solo hablan del amor y del desamor. Las palabras donde nada se puede decir ... las que se ahogan, las que aparecen en el milagro del verbo. Las palabras conocidas para hablar de lo que se desconoce. Palabras sutiles, alargadas, alegres alfabetos como un collar de palabras. Las letras entre los dedos, las cartas de amor para ti.

The words we utter in the silence of the night, in the spectral labyrinth of dreams. Words that speak only of love and heartbreak. Words where nothing can be said ... words that drown, that appear in the miracle of the verb. Familiar words to speak of what is unknown. Subtle, elongated words, happy alphabets like a strand of words. Letters between fingers, love letters for you.

❧ 26 ☙

Las palabras nos aguardaban y nos buscaban. Permanecían en la quietud de los días y dibujaban alfabetos imaginarios. Las palabras también nos necesitaban para leerlas, para gozarlas y sentir que eran nuestras. Las palabras, las dormidas, las guardaditas en la tibieza de las sombras, las palabras amadas soñadas cuidadosamente aguardándonos … Nosotros, los que en actos de valentía y quietud las esperamos.

Words awaited us and searched for us. They remained in the stillness of days and sketched imaginary alphabets. The words also needed us to read them, to enjoy them, and to feel they were ours. Words, slumbering words, words kept in the warmth of the shadows, beloved words dreamt carefully, waiting for us … We who, in acts of bravery and stillness, wait for them.

❧ 27 ☙

Al anochecer, ella, la niña vieja y dulce, esperaba la llegada de la noche porque era cuando encontraba la luz de los libros, la luz del mundo. Lentamente subía las escaleras que no llegaban a ninguna parte, las escaleras que tocaban el cielo y el mar. Todo era posible entre la luz y las páginas de los libros. Ella descansaba su cabello color aire, color fuego, en ellos, los libros sellados, y de pronto ella sintió que tan solo en una palabra encontraría el infinito. A lo lejos, el viento danzaba cerca de ella. A lo lejos, el mar cantaba y adormecía a los barquitos de papel. Ella abrió un libro pequeño que cabía entre sus manos y presagió una lágrima azul que le acercara. Era el infinito del sentir. Y luego esa misma lágrima se convirtió en una flor. Ya había llegado el día y amaneció con la flor y la guardó en el pequeño libro. Entre sus páginas, una lágrima azul.

At dusk, the sweet old girl awaited the arrival of night because that is when she discovered the natural light of books, the light of the world. Slowly, she ascended the stairs that led to nowhere, the stairs that grazed both sky and the sea. Everything was possible between the light and the books' pages. She rested her locks, the color of air, the color of fire, on the closed books, and suddenly she sensed that in just one word she could discover infinity. In the distance, the wind danced close to her. In the distance, the sea sang and lulled the little paper boats to sleep. She opened a small book that fitted snuggly in her hands and predicted a blue tear would reach her, encompassing the infinity of feeling. And then that same tear became a flower. Day had already dawned, and she awoke with the flower and placed it in the little book. Between its pages, a blue tear.

28

Después de un largo viaje por geografías ambiguas, regresamos a la fe que nos otorgan las palabras. Aguardamos cada una recluida en su soledad, cada una junto a la otra como en una ecología de sentidos que se entrelazan.

After a long journey through ambiguous geographies, we return to the faith granted us by words. We await each one, reclusive in its solitude, each word joins with the next as though in an ecology of meanings that weave together.

29

Entre el sueño y la vigilia devanea la memoria del mar, la memoria de tus ojos que eran un mar errante. Entre el sueño y la vigilia, una historia de un amor tan solo con la voz de las palabras, con una voz oculta. Aquel secreto que yace, que respira y que se escucha en una palabra, en una carta de agua que se desliza entre las orillas.

Between sleep and wakefulness roams the memory of the sea, the memory of your eyes that were a wandering sea. Between sleep and wakefulness, a love story with only the voice of words, a hidden voice. That secret that rests, that breathes, that is heard in a word, in a letter made of water that slips between shores.

30

Si tan solo abriéramos la mano y pensáramos en los dedos acariciando un libro cerrado, en aquella mano que traza un mapa imaginario o se desliza por una frase en un poema que te dice "ven, quédate un poquito, cuéntame de tu país azul". Si tan solo las palabras nos mostraran lo que sabemos y lo imposible de saber. Si tan solo fuésemos los caminantes marcando caminos al andar como Machado nos contaba en su *Campos de Soria*. Si tan solo aprendiéramos a escuchar aquellas palabras que se adelgazan después de oír las sirenas de los barcos abandonados, pero nunca a la deriva. Si tan solo me llamaras por mi nombre. Si tan solo me tocaras el corazón con el tiempo de las cosas dulces, con la mano que acaricia y que escribe.

If only we would open our hand and think about our fingers caressing a closed book, about that hand that draws an imaginary map or glides over a sentence in a poem that beckons you to "come, stay for a while, tell me about your blue country." If only words could show us what we know and what is impossible to know. If only we were walkers marking paths like Machado recounted in his Campos de Soria. *If only we could learn to listen to those words that become fainter after hearing the horn blasts of boats that are abandoned but never lost. If only you could call me by name. If only you could touch my heart with the time of sweet things, with your hand that caresses and writes.*

~ 31 ~

Aprender a escuchar ese espacio entre las palabras, ese tiempo del sentir en la quietud de los días, aquellos espacios en las horas profundas. Aprender a escuchar el todo y la nada, la llegada del amanecer con sus primeras ofrendas, el ruido de las cosas al caer, una hoja que se desprende de un árbol que florece a destiempo. Escuchar el sollozo de un niño cuando combate la profunda raíz del sueño mientras lo mecemos dulcemente. Escuchar el paso del tiempo a través de los pasos del que aguardamos o tal vez de un desconocido que llega sin que lo aguardemos. Escuchar el sonido de la guerra cuando pareciera que se detienen los relojes, cuando pareciera que tan solo existe el asombro y el olvido. Como todas las memorias, se desvanece ... Escuchar con la ternura que aprenderás de ti misma y de los ancianos. Escuchar con la compasión que traen los sonidos de la muerte, con la virtud que traen los sonidos de la vida. Escuchar en el ahora. Escuchar las memorias distantes, urdir palabras, enhebrar silencios.

Learning to listen to that space between words, that time of hearing in the stillness of days, those spaces in the deepest of hours. Learning to listen to everything and nothing, the arrival of dawn with its first gifts, the noise of things as they fall, a leaf that drops from a tree that blooms out of season. Listening to a child's sobs when he fights against the powerful pull of sleep while we rock him gently. Listening to the passage of time according to the footsteps of someone we await or perhaps a stranger who arrives unbidden. Listening to the sound of war when clocks seem to stop, when it seems that only forgetfulness and bewilderment exist. Like all memories, it fades away ... Listening with the tenderness you will learn from yourself and from your elders. Listening with the compassion conveyed by the sounds of death, with the virtue conveyed by the sounds of life. Listening in the here and now. Listening to distant memories, weaving words together, threading silences together.

~ 32 ~

Aprende a mirar, a sentir el silencio de las palabras no dichas, lo que la costura esconde, lo que el doble de las palabras conlleva … Aprende a escuchar la intermitencia de los silencios, lo que el mar y sus deseos revelan. El mundo de lo no dicho iluminando los días y las noches agradecidos.

Learn to observe, to hear the silence of unspoken works, to sense what seams conceal, what double meanings imply … Learn to listen to the intermittences of silence, to what the sea and its wishes reveal. The world of the unspoken illuminating grateful days and nights.

~ 33 ~

Aunque nada y todo comprendes, entiendes el exceso dolor. Sobre el hombro de la muerte lloras en cada atardecer. Aprendiste en los excesos del amor el impulso del misterio y la brevedad de anhelos, la infinitud de las esperas y aquello que desgarra la existencia. En el recuerdo te desbordas como un río en el invierno más allá de la ira, más allá de la paz de los hombres.

Although you understand nothing and everything, you do comprehend excessive pain. You weep on death's shoulder every day at sunset. In the exuberance of love, you learned the force of mystery and the impermanence of desire, the endless waits, and that which destroys existence. In memory, you overflow like a river in winter far away from anger, far away from the peace of men.

~ 34 ~

Aprendiste de aquel brillo que ennoblece los contornos, donde entendiste la pobreza, donde la imaginación tampoco alcanza a dimensionar la noche africana, la noche del Congo, esa noche cuando las mujeres adormecen las orillas sobre ríos que durante el día desaparecen en el espejismo.

You learned from that brilliance that magnifies contours, where you understood poverty, where not even the imagination is able to fathom African nights, Congo nights, those nights when women lull the shores on rivers that during the day disappear into the mirage.

35

Aprendiste que lo que no se dice todavía está, que tenemos un abanico de saberes. Aprendiste a escribir sobre las ausencias. Todo en ti era un alfabeto de las ausencias, el cuaderno de la lejanía.

You learned that what remains unsaid still exists, that we have a wide range of knowledge. You learned to write about absences. Everything in you was an alphabet of absences, a notebook from afar.

Las ofrendas del mar

Gifts from the Sea

1

Ella amaba cruzar las costas inesperadas donde se escuchaba el dulce gemido de las ondinas, donde el fondo del mar contenía la luz de todas las miradas. Amaba la lentitud de la travesía, las horas sin premura cuando no se anticipaban llegadas. Y así parecía que se desprendía de las cosas, de las costas, del tiempo sin rumbo. Pero también sabía que llegaría a su puerto, a su casa, a su faro, y que el Pacífico la estaría esperando como una mujer que sabe aguardar, que se deja llevar por los sonidos infinitos del mar.

She loved to cross unexpected shores where the gentle keening of the water nymphs could be heard, where the sea floor contained the light of every gaze. She loved the slowness of the crossing, the unhurried hours when arrivals were not expected. And so, she appeared to break away from possessions, from shores, from aimless time. But she also knew she would reach her port, her house, her lighthouse, and that the Pacific would be waiting for her like a woman who knows how to wait, who lets herself be carried away by the infinite sounds of the sea.

2

El poderoso océano del lejano Chile regresa en el umbral de la noche misma. Entra por los portales del cielo, permite que los truenos y sus inquietos estruendos habiten las puertas secretas del mar. Junto a ello entra el rayo fulminante que ilumina lo más profundo del océano. Al amanecer se refugia entre la espuma y el oleaje que mece su brillo y la contiene. El poderoso océano ama ser siempre una presencia. Lo espero como se espera el regreso de un amor vacilante que todo lo oculta, un amor temeroso e intransitable que surge a veces difuso en los brillos de la arena. Entonces regreso al poderoso océano que duerme junto a mí, que me cobija con sus sábanas de agua, que no me abandona mientras sollozo aquellas lágrimas de aguaviva que contienen la conciencia de la vida y la muerte, que son como el poderoso océano. Habitan en el umbral de nuestra infinita vulnerabilidad.

The mighty ocean of faraway Chile returns on the threshold of night itself. It enters through the sky's portals and lets the thunder with its turbulent rumblings inhabit the sea's secret thresholds. Along with the thunder, a sudden rod of lightning strikes, illuminating the depths of the ocean. At dawn, it takes refuge in its foam and the swells that cradle its resplendence and contain it. The mighty ocean delights in always being a presence. I await the sea as one might await a faltering love that conceals everything, a fearful and impenetrable love that surges at times, diffuse in the sparkling sand. Then I return to the mighty sea that sleeps beside me, that covers me with its sheets of waves that does not abandon me while I weep tears of living water that contain the knowledge of life and death, that are like the mighty ocean. They dwell on the threshold of our infinite vulnerability.

3

El mar del invierno regresa a sí mismo, guardándose en su quietud, sombrío frente a su infinita inmensidad. El mar del invierno nos invita a la placidez y una extraña quietud. La luz del mar en invierno como un cuarzo rosado. El mar que renace bajo una luz, como pétalo de rosa clara. El mar del invierno reposa para volver a aprender, para volver a enseñarnos. Y el cuarzo rosado se vuelve una rosa, la rosa de la poesía, la que flota en la tibia ternura del imaginar, en el vaivén de nuestras vidas.

The winter sea returns to itself, protecting itself in its stillness, somber in the face of its infinite vastness. The winter sea invites us to its tranquility and its eerie stillness. The light of the sea in winter is like a rose quartz. The sea is reborn under that light, like a translucent rose petal. The winter sea rests in order to learn again, to teach us again. And the rose quartz becomes a rose, the rose of poetry that floats on the warm tenderness of our imagination, on the ebb and flow of our lives.

4

Tan solo el mar de mi niñez, el mar que murmuraba las historias de la noche, que me abrigaba y apaciguaba mis anhelos. Siempre buscaba el mar y cuando me hallaba en ciudades sin él, lo bordaba, lo imaginaba. El mar de mi niñez, el mar de un primer poema y un primer aliento. Regreso ahora al mar como se regresa al amor y al desamor porque el mar es un compás o naufragio en el vaivén de las mareas. Siempre el mar.

Only the sea of my childhood, the sea that murmured stories about the night, that protected me and eased my longings. I always searched for the sea, and when I found myself in cities without it, I embroidered it, I imagined it. The sea of my childhood, the sea of a first poem and a first breath. Now I return to the sea as one returns to love or heartbreak because the sea is a compass or a shipwreck on the ebb and flow of the tides. Always the sea.

5

Crecí en un pueblo costero donde se celebraban nacimientos y muertes con volantines coloridos. Nada y todo pasaba allí y las noticias como las películas llegaban con atraso. La felicidad consistía en aceptar con paciencia lo que no entendíamos y dejar que el mar y la vida señalaran senderos.

I grew up in a coastal town where births and deaths were celebrated with colorful kites. Everything and nothing happened there, and the news, as well as movies, arrived late. Happiness meant patiently accepting what we did not understand and allowing the sea and life to show us the way.

~ 6 ~

Las ancianas sabias del océano, las que sin edad bordan ilusiones. Siempre van al mar más allá del atardecer cuando el agua se regresa a su infinito caparazón de olas. Todo regresa, hasta el sol que se desliza hacia los otros horizontes. Las ancianas sabias del océano no tienen prisa. Nada buscan, ni siquiera sus penas, ni siquiera sus lágrimas. Siempre están como las cosas amadas, como las flores a las orillas de los caminos, las que se marchitan, pero siguen vivas, las que tan solo son lo que son. Las sabias ancianas del océano saben mirar más allá del mar a sabiendas que allí se encuentra otro mar … el mar de la memoria, del pasar de los años, el mar sabio, sin premura.

The wise old women of the sea, those who embroider dreams outside of time. They always go to the sea after dusk when the water returns to its infinite blanket of waves. Everything returns, even the sun that slips towards other horizons. The wise old women of the sea are in no hurry. They search for nothing, not even their sorrows, not even their tears. They are always there like all beloved things, like the flowers along roadsides that wither but remain alive; they are simply what they are. The wise old women of the sea know how to look beyond the sea, knowing that is where the other sea resides … the sea of memory, the sea of passing years, the wise sea, the unhurried sea.

~ 7 ~

El mar perpetuo, osado y siempre hipnótico ante los días. El mar, cómplice del anochecer siempre trenzando a las marañas de la historia rodeado de nobles manantiales de agua dulce donde todo es una lágrima o un diluvio, agua viva sobre el cuerpo.

The eternal sea, daring, and always hypnotic in the face of days. The sea, dusk's accomplice, always braiding the tangles of history surrounded by noble streams of sweet water where everything is either a tear or a deluge, living water on the body.

Siento que llego a mi mar, al que me vio crecer, al que oí en las noches inquietas cuando me preguntaba qué era el deseo y sentí que el deseo era la ausencia. El desear era el evocar, el sentir lo que aún no existe, el anhelar lo que aún no se tiene. Y pronto, en esta edad de una extraña madurez cuando solo se busca el tiempo de las esencias, cuando tan solo se desea un día como un infinito, llego al Pacífico. Me detengo frente a él como si hubiese regresado a un antiguo amor, a una historia de amor que es perpetua y noble. El mar Pacífico, el que me cobijó en las noches, el que rescató a mi bisabuela de las cámaras de gas, el mar inquieto y en paz, ese mar que llevamos dentro, ese mar del sur del mundo, el mar de la luz infinita.

I sense I am arriving at my sea, the one that saw me grow, the one I heard on restless nights when I wondered what desire was, and realized desire was absence. To desire was to evoke, to sense what does not yet exist, to long for what one does not yet have. And soon, in this uncommon age of wisdom when one only seeks the time of meaning, when one only yearns for a day to last forever, I arrive at the Pacific. I stand before it as though returning to an old love, to a love story that is never ending and noble. The Pacific that shelters me at night, that saved my great grandmother from the gas chambers, the restless and peaceful sea, the sea we carry within us, the sea in the southern part of the world, the sea of infinite light.

La noche bordea el mar. El mar bordea la noche. Te dejas llevar por la fluidez de un oleaje perpetuo. Imaginas palabras, sus silencios. Las palabras ondulan, sus almas navegan contigo. Marcas las horas para

GIFTS FROM THE SEA

esperar la noche cuando todo canta y todo llueve. Llueven las palabras después del anochecer y en esta noche de un mundo que se desliza, pero igual es infinito, sientes que ésta es la felicidad … no lo que es perpetuo ni lo que perdura sino una noche de navegación en las costas de la lejana Galicia donde las brujas vaticinan de la bondad del tiempo, del silencio de las palabras como la historia de amor que no se cuenta. Navegas junto a un mar que parece un río, un mar que se sale de la ciudad y regresa como si todo fuese el ir y venir de las cosas, de las palabras del que se ama en silencio, como un amor oculto.

The night flanks the sea. The sea flanks the night. You let yourself be carried away by a perpetual swell. You imagine words, their silences. Words ripple around you, and their souls sail with you. You mark the hours as you wait for night when everything sings and everything rains. Words rain down after dusk, and on this night in a world that slips away but is infinite nonetheless, you understand that this is happiness … not what is perpetual or lasting but rather a night of sailing along the shore of faraway Galicia where witches predict the goodness of time, the silence of words like an untold love story. You sail alongside a sea that resembles a river, a sea that departs from the city and returns as if everything was the ebb and flow of things, of words spoken by someone who loves silently, like a secret love.

10

En los atardeceres descalzos buscas pequeños rituales, los gestos de las cosas que se repiten en silencio, las cosas que caen al anochecer dejando las huellas, los gestos del tiempo desconocido cuando todo es quietud, donde todo es silencio. En los atardeceres descalzos vas al mar, a la costa que parece un universo. Te acercas al borde de las olas, al borde de un horizonte también infinito y logras escuchar la voz del mar, los silencios.

LAS OFRENDAS DEL MAR

On pristine evenings, you search for small rituals, for signs of things that silently repeat, things that fall at dusk leaving traces, for signs of the unknown time when everything is stillness, where everything is silence. On pristine evenings you go to the sea, to the coast that resembles a universe. You approach the waves, the threshold of an infinite horizon, and you can hear the voice of the sea, its silences.

❦ II ❧

Al despertar navegas. Sientes la fluidez del tiempo de las cosas. Navegas por el itinerario de las palabras que tienes guardadas en los cuadernos abiertos. Cada cuaderno señala un calendario. Te perfumas toda para cerciorarte que con cada amanecer llega la belleza. Navegas y te sorprendes de que siempre aprendes del mar, que puedes dejar atrás la ira y el rencor, que cada día que llega nadie te lo devuelve. Todo lo que te envuelve, lo amas y lo disfrutas: los sollozos de los árboles y las cadencias del amor. Al anochecer también navegas. Ya has vivido un día lleno de gracia y te atreves a nombrar el desamor y el amor, la vida plena, las mañanas claras, las noches espesas con la fragancia de una rosa y una estrella.

Upon waking, you set sail. You feel the ripple of the time of things. You sail through the flow of words that you keep in open notebooks. Each notebook represents a calendar. You perfume yourself to make sure that beauty arrives with each new dawn. You sail and are surprised that you always learn something from the sea, that you can leave behind anger and resentment, that each new day is never returned to you. You love everything around you. You relish it all: the weeping trees and the cadences of love. You sail at dusk as well. You have already lived a day filled with grace and you venture to proclaim heartbreak and love, a plentiful life, clear mornings, nights thick with the fragrance of a rose, and a star.

~ 12 ~

Aprenderás que todas las historias de las mujeres empiezan con el agua. El nacer es también la historia del agua como las lágrimas que amanecen con la luz. Aprenderás que las mujeres lavan las tristezas en todos los ríos del mundo, que lavan sus delirios esperando junto al mar. Aprenderás que el desamor también es una espera frente al agua de todos los mares, como el mar del desencanto y el mar de las ausencias. Sin embargo, hay grandes lecciones al aguardar, aprendizajes de gratitud por el mar infinito.

You will learn that all women's stories begin with water. Birth is also a story of water, like tears that dawn with the sun. You will learn that women wash away their sorrows in all the rivers of the world, they wash away their illusions as they wait by the sea. You will understand that heartbreak is also a type of waiting before the water, the water of all the seas, like the sea of disillusionment and the sea of absences. Nevertheless, there are great lessons to be learned from waiting, lessons about gratitude for the infinite sea.

Entre las sombras

Amid the Shadows

~ 1 ~

Entre las palabras, los mesurados silencios y la dicha de una voz que escucha lo que no se dice, hemos aprendido a bordar silencios. Así escucho sin premura las visitaciones de la lluvia o simplemente tu risa.

Between words, measured silences, and the joy of a voice that heeds what remains unsaid, we have learned to embroider silences. That is how I listen, without haste, to the passing rain or simply your laughter.

~ 2 ~

Antes de las palabras era el tiempo de los silencios. Antes de los silencios regresábamos a la presencia de lo inefable donde ni las palabras ni los silencios nos alcanzaban. Antes de las palabras, la luz de Dios, la añoranza de lo innombrable, lo que tan solo llega, lo que nadie busca.

Before there were words, there was the time of silence. Before the time of silence, we returned to the presence of the ineffable realm where neither words nor silences reached us. Before words, the light of God, the yearning for what is unnamed, for what simply appears, for that which no one seeks.

~ 3 ~

Escuchar los pasos, el silencio, el aliento al despertar, el murmullo de la noche. Escuchar los sonidos de la habitación, el paso del amor y del desamor. Escuchar la luz del mar.

Listening to the footsteps, the silence, the sound of your breath upon waking, the night's murmur. Listening to the sounds of your room, the passage of love and heartbreak. Listening to the light of the sea.

~ 4 ~

Invocas presencias, las que siempre están a tu lado, las que juegan entre las sombras, las que a veces tan solo susurran o tal vez son los pasos que te persiguen en los días cuando la opacidad te corona. Hoy invocas presencias de los muertos que amas tanto. Les preparas un plato de higos en la redonda y cálida hora del verano. Las llamas. Quieres que se sienten a tu lado, que estén en la hora de cenar cuando celebras las ofrendas de los alimentos, los regalos que la tierra da. Y son esas presencias las que a tu lado indican sendas, el avatar de los días, aquellas líneas donde la vida y la muerte se trenzan. Son los sabios saberes del vivir, presencias que han vivido siempre y atemorizan los días. Pero son las otras las que invocas, las que nutres con tu confianza, las presencias de la luz del mundo, las que llegan desde las otras orillas y te cantan.

You conjure spirits, spirits that are always beside you, that play within the shadows, that only whisper, or perhaps it is just their footsteps that pursue you on days when darkness shrouds you. Today you invoke the spirits of the dead that you love so dearly. You prepare them a plate of figs in the bountiful warmth of summer. You summon them. You want them to sit beside you, to be there at suppertime when you rejoice in the gifts of food, gifts bestowed by the earth. And it is those spirits by your side that reveal paths, the vicissitudes of days, those lines where life and death entwine. They are the wise knowers of life, spirits that have always been with us and that frighten our days. But it is the other spirits you invoke, the ones you nourish with your trust, the spirits of the light of the world that arrive from other shores and sing to you.

Te asomas al jardín del atardecer. Sientes que los muertos se deslizan entre las sombras. Pareciera que han regresado para estar en la memoria intermitente del atardecer. Se siente la frescura del aire, la tibieza de la hora que hechiza, la hora que después será la hora de la noche. Reposas tus pies en la tierra húmeda y te maravillas frente al mundo. No hay más que esto en la pasión de este día: tus pies, una rosa amarilla que llora porque es bella, los pasos de los muertos que te visitan y las palabras que también poseen una sombra en tu jardín.

You approach the twilight garden. You sense the dead gliding between the shadows. They seem to have returned to be one with the flickering memory of dusk. You feel the fresh air, the warmth of the bewitching hour, the hour that will soon turn to night. You plant your feet on the damp ground and marvel at the world. There is nothing more than this in the delight of this day: your feet, a yellow rose that weeps because it is beautiful, the footsteps of the dead who visit you, and words that also cast their shadow in your garden.

~: 6 :~

El corazón dormido sale de sus cobijas. Emprende el vuelo y reposa en tus ojos que se abren. Han reposado en silencio para aprender a escuchar el tenue ruido del silencio

The slumbering heart emerges from beneath its covers. It takes flight and settles on your eyes that open. Your eyes have rested silently to learn to listen to the faint sound of silence.

~: 7 :~

Una nube pasa. Recoge tu silencio. Tal vez en ese silencio te acercas a mí. Tus dedos leen un poema, acarician una palabra. Tal vez no sabes cómo volver. Te dejo una página abierta, un instante, una canción y el corazón como una semilla esparcida entre los caminos.

A cloud passes by. It collects your silence. Perhaps in that silence you draw closer to me. Your fingers read a poem, caress a word. Perhaps you do not know how to return. I leave you an open page, an instant, a song, and my heart, like a seed scattered along the roadside.

~ 8 ~

Aún no habían terminado de enterrar a los muertos cuando llegaban otros. Ella les cerraba sus ojos distantes, les leía una plegaria, les recitaba un poema y les decía que los bañaría de la luz de las estrellas. El mundo se había llenado de silencios pérfidos, de dolores incomprensibles, de sollozos como un gran lamento. Los muertos llegaban. Ella los enterraba junto a las aguas y los dejaba en las pequeñas barcazas que los buenos pescadores les enviaban de lugares cercanos. Eran tiempos lejanos, tiempos del dolor y del miedo. Eran los tiempos de siempre.

They had not yet finished burying the dead when more arrived. She closed their vacant eyes, read them a prayer, recited a poem, and told them she would bathe them in starlight. The world had become shrouded in a perilous silence, in unfathomable pain, in sobs that echoed like an endless lament. The dead continued to arrive. She buried them next to the water and left them on small barges that the good fishermen sent from nearby. Those were long-ago times, times of pain and fear. They were the same old times.

~ 9 ~

Ayer soñé contigo, Elena. Ibas y venías por las calles de un Madrid en todos los tiempos. Tal vez vi a Lorca a tu lado, a La Pasionaria. Caminabas con las locas y también con las cuerdas y eras tan alta y plena que podías incluso llegar a tocar las nubes. Cuando te dije "Elena", me sonreíste y sin apuro regresaste a ese otro país, al tranquilo país de la muerte donde resides y desde donde nos abrazas desde esa inmensa lejanía.

Yesterday, I dreamt of you, Elena. You came and went along the streets of a timeless Madrid. Perhaps I saw Lorca and La Pasionaria beside you. You walked with the mad women as well as the sane ones, and you were so tall and so present that you could almost manage to touch the clouds. When I said "Elena," you smiled at me and slowly returned to that other country, the peaceful country of death where you reside and from where you embrace us from that unfathomable distance.

10

Has dejado atrás los cajones clausurados donde antes deslizaba la muerte desenfrenada y curiosa para entrar en las cosas ocultas y oscuras. Has dejado atrás las sombras elongadas, los días de brumas cuando la muerte solloza. Has dejado atrás el rencor y la desmemoria. Ahora todo en ti es una mañana clara, un día que esparce luz, un día en que las nieblas nada divulgan y tan solo el cielo despejado aguarda la mañana. Nada anticipas, ni siquiera el tránsito al país lejano donde el silencio y un tiempo sin tiempo te aguardan.

You have left behind closed drawers where death once slid in and out unbridled and curious to penetrate dark and hidden things. You have left behind elongated shadows, misty days when death weeps. You have left behind resentment and forgetfulness. Now everything in you is a clear morning, a day that disperses light, a day in which the fog divulges nothing and only the clear sky awaits the morning. You anticipate nothing, not even the passage to that faraway country where silence and a time outside of time await you.

11

Hay ciudades donde tan solo el mar habita, donde tan solo hay escombros, la perpetua memoria de la guerra. Hay ciudades donde tan solo florece un jardín en la abundancia y en la escasez del invierno. Hay ciudades donde la muerte camina por las noches … todas las noches, la muerte con sus pasos sin premura se desliza y vigila el sendero de los muertos y el sendero de las muertas.

There are cities where only the sea dwells, where there is only rubble, the perpetual memory of war. There are cities where only a garden blooms in the abundance and scarcity of winter. There are cities where death walks at night … every night, death with its unhurried steps, glides in and watches over the path of dead men and dead women.

~ 12 ~

Amas el encantamiento del mundo, el silencio de las casas deshabitadas, los corredores espantosos habitados por los temerosos pasos de los fantasmas. Te enamoras de lo que no se entiende, del sueño de los libros, de los mapas imaginarios, de los trazos de un niño sobre un lienzo abierto siempre dispuesto a imaginar el mundo. Te rodeas de lo inefable, de las voces que regresan desde la muerte, y recibes a los difuntos con la gracia del infinito. Les besas los párpados porque tú los amas y los añoras a sabiendas que también te irás a ese país donde el frío y la humedad entran por las balaustradas.

You love the enchantment of the world, the silence of uninhabited houses, the frightening hallways possessed by the fearsome footsteps of ghosts. You fall in love with what cannot be understood, the things that books dream about, imaginary maps, drawings on a blank canvas made by a child who is always eager to imagine the world. You surround yourself with the ethereal, with voices that return from death, and you welcome the dead with the grace of infinity. You kiss their eyelids because you love them and miss them, knowing that you too will go to that world where the cold and the damp enter through the balustrades.

~ 13 ~

Teníamos que celebrar las sombras, las que nos rodeaban en el silencio de la soledad. Las sombras daban una luz imprecisa casi imposible de palpar, pero aprendíamos de las sombras, de lo inescrutable y del inmenso silencio que nos llevaba a la luz.

We had to celebrate the shadows, those surrounding us in the silence of solitude. The shadows emitted an imprecise light, a light almost impossible to touch, but we learned from the shadows, from the unfathomable, and from the vast silence that led us to the light.

Una niñez infinita, una familia inolvidable

An Infinite Childhood, an Unforgettable Family

1

Regresamos temerosos a la vieja casa donde antes vivía mi padre. Él también ya ha dejado de visitarnos en la luminosa zona de la muerte y la vida. Tan solo ahora recuerdo la lentitud de sus pasos sobre las frágiles escaleras y su voz siempre lejana, una voz amadora de silencios. He descubierto que también los muertos se alejan como aquellos trenes de provincia sin destino, como aquel vendedor de reliquias en pueblos deshabitados. Sé que la muerte es un país lejano, un país amador de sombras. Sé que aún estás en ciertos sonidos: un amanecer con vientos y palabras, un nocturno luminoso, un piano que se abre como se abre el mundo que comienza. La muerte es otro país, tu memoria una mano sobre las teclas. Has regresado a la casa donde viviste, una melodía lluviosa nos aguarda.

We return, afraid, to the old house where my father once lived. He, too, has stopped visiting us in that luminous region of death and life. Now I only remember the slowness of his steps on the brittle staircase and his always distant voice, a voice that loved silences. I have discovered that the dead also drift away like those provincial trains with no destination, like that vendor of relics in uninhabited towns. I know that death is a faraway land, a realm that loves shadows. I know you are still here in certain sounds: A dawn filled with wind and words, a luminous night, a piano lid opening like the beginning of a new world. Death is another country. Your memory is a hand upon the piano keys. You have returned to the house where you lived, where a rainy melody awaits us.

2

Me imaginaba el paisaje lluvioso en un país extraviado en la memoria de los abuelos muertos que se sentaban al atardecer y esperaban la llegada de la hora cuando la noche los hechizaba. También esperaban a mí.

AN INFINITE CHILDHOOD, AN UNFORGETTABLE FAMILY

I imagined the rainy landscape in a country lost in the memory of my departed grandparents who sat at dusk and waited for the arrival of the hour when the night would bewitch them. They also waited for me.

↝ 3 ↜

Te prometí el azul, azul como una palabra que vuela y trepa, el azul de los ojos, del cielo, el azul de mamá cuando llora escondida, oculta en un viejo piano de teclas azules … El azul del frío de Gabriela, la poeta de los descalzos, el azul del ojo que protege y vigila, el azul de tus manos en los tiempos del frío cuando las hadas del invierno regresan a la tierra arisca, el azul de la nieve que inquieta en su reposo … Azul como el mar de Chile, el mar que me enseñó las osadías del asombro, ese azul que es más que nostalgia … El azul del delantal de Delfina con los arándanos y las frutillas azules … El azul del atardecer que aún transita en mi mirada. Era tan niña entonces y el azul de un lapicero inundaba mis manos. Aún no borro ese azul, el azul de la primera inquietud para mí, las palabras que danzaban sobre mis manos inexpertas y sabias, las manos de una niña.

I promised you blue, blue like a word that soars and clambers, the blue of eyes, of the sky, the blue of my mother when she cries out of sight, hidden in an old piano with its blue keys … The cold blue of Gabriela, the poet of the unshod, the blue of the eye that protects and keeps watch, the blue of your hands in times of cold, when the winter fairies return to the rugged land, the blue of the snow that frets in its repose … Blue like the Chilean sea, the sea that taught me the courage of wonder, that blue that is more than nostalgia … The blue of Delfina's apron, with its blueberries and blue strawberries … The blue of the afternoon that still inhabits my gaze. I was such a young girl then and the blue ink of a pen drenched my hands. I still do not erase that blue, the blue of my innate inquisitiveness, the words that danced on my budding and clever hands, the hands of a child.

❦ 4 ❧

Ya de niña vieja regresé a la geografía de mi niñez a sentir la piel del sol sobre la piel de mi memoria. Regresé para conversar con mis muertos, para nombrar estrellas, y así me llené de la memoria de los otros. En el sur del mundo me reconocía como también reconocía los aromas de la tierra y del agua. Fui parte de los sonidos, de los mensajes del viento y de la tierra que se brindaba hacia mí y yo hacia ella. Regresé a una felicidad inocente. Regresé por el amor a lo que fue mi idioma y entendí que también en tiempos de escasez, se encuentra la abundancia.

As an old child, I returned to the geography of my childhood to feel the sun's skin against the skin of my memory. I returned to speak with my dead, to name the stars, and that's how I embodied the memories of others. In the southern part of the world, I recognized myself and the aromas of the soil and the water. I was part of the sounds, the messages sent by the wind and by the land that offered itself to me, and to which I offered myself. I returned to an innocent happiness. I returned out of the love of what was my language, and I understood that even in times of scarcity, abundance can be found.

❦ 5 ❧

A veces me asomo a la memoria de los primeros orígenes, una niña descalza preguntando por los senderos de las nieblas … nieblas que volaban bajito señalando la ruta del amanecer. A veces me despierto para recordarme las instancias del asombro, el viento sobre las marejadas, el oleaje salvaje y primerizo de las aguas, también cuando uní las primeras sílabas, armé las huellas de las palabras, los adultos sorprendidos vacilaban en sus miradas … Desde aquel entonces supe que los encantos aparecían entre los silencios y las palabras matizadas por los silencios.

AN INFINITE CHILDHOOD, AN UNFORGETTABLE FAMILY

La niña que yo era hablaba sola por las noches y los fantasmas de la casa de piedra la acompañaban contándole que sí era posible reparar los precipicios del cielo y del agua, que no había fronteras ni líneas que separaban el tiempo de los vivos, el tiempo de los muertos. Yo me quedaba adormecida entre ellos a pesar de que tenían voz y piel de hielo. Me sentía agasajada entre los espectros. Esa niña aún regresa ... Las huellas de mi rostro delatan los tiempos del deseo, las cenicientas instancias del olvido. Pero algo o tal vez todo de aquella niña habladora y muda, aquella niña que conversaba con las piedras de su casa de agua, permanece en el titubeo frente a la belleza, en la magia de nombrar en voz alta las palabras de las cosas anheladas.

Sometimes I look to the memory of primeval beginnings, a barefoot girl asking about the pathways of the fog ... the fog that hovers low, signaling the approaching dawn. Sometimes I awaken remembering moments of wonder, the wind on the swells, the untamed waves and unruly waters, when I uttered my first syllables and assembled the first traces of words while the adults looked on amazed, surprised by what they had seen. From early on, I discovered that enchantment appeared amid silences and words tinged with silence.

The girl I used to be talked alone at night and the ghosts in the stone house accompanied her, telling her that it was possible to repair the chasms of the sky and the water, that there were no borders or lines separating the time of the living, the time of the dead. I would fall asleep among them despite their icy voices and skin. I felt exulted amid the spirits. That girl still returns ... The traces on my face betray the times of desire, the ashen moments of oblivion. But something, or perhaps everything, about that talkative and reticent girl, that girl who spoke with the stones of her house of water, endures in the instant before beauty, in the magic of naming out loud the words of things desired.

❦ 6 ❦

En una pieza oscura de la infancia … pasos, sombras, los muertos sentados frente a una ventana, mi madre lavándose las manos, abriendo ventanas para que el dolor no quedara atrapado en casa. El ángel de la muerte se retira a otras comarcas y lejanías mientras nosotros regresamos hacia la luz de la vida.

In a dark childhood room … footsteps, shadows, the dead seated before a window, my mother washing her hands, opening windows so sorrow would not remain trapped in the house. The angel of death leaves for other regions, other faraway places, while we return to the light of life.

❦ 7 ❦

Regresas a la niña que siempre has sido a borrar los viejos mapas con las fronteras de la guerra. Dibujas países azules. Las ciudades cubiertas de cenizas ahora son vergeles y bosques frondosos. Te gusta jugar con las nuevas cartografías, las rutas del alma. Eres una niña traviesa y deseas llamarte Amantina, la que todo ama, la que todo descubre. Dibujas el murmullo de los vientos que te traen secretos y todo en ti es una palabra, una nube viajera. Entras y sales entre los espejos y no les temes a las sombras. Sabes que no existe la vejez, que la vida es un trazo incierto y azul, y que todo es lo que te imaginas.

You return to the little girl you have always been to erase old maps with their borders drawn by war. You draw blue countries. Cities covered in ash are now lush orchards and forests. You like playing with these new cartographies, the routes of the soul. You are a mischievous girl who wants to be called Amantina, she who loves everything, she who discovers everything. You draw the murmur of the wind that bears secrets, and everything in you is a single word, a single passing cloud. You enter and exit between mirrors, and you do not fear the shadows. You know old age does not exist, that life is an uncertain blue line, and that everything is what you imagine.

~ 8 ~

Faro y relámpago ... Tal vez todos somos y no somos las niñas que fuimos, el encantamiento del rezo, el beso que es una estrella fugaz. Y aún esa niña vieja se asoma al cielo para conversar con las estrellas, pensar en aquel cielo, el cielo de Chile que la alumbró en sus primeros alfabetos, en los primeros deleites cuando ella o yo nos asomábamos a encontrarnos y pactar con la noche. Aquella niña memoriosa conversa con la niña de hoy ... la vieja sabia, incauta y audaz, la que sueña con el cielo de Chile, una patria lejana, una estrella distante, y entre asomo y asombro es lo que fue, era lo que es.

Lighthouse and lightning ... Perhaps we are and are not the girls we once were, the enchantment of prayer, the kiss that is a shooting star. And still that old girl stands before the sky to converse with the stars, to think about that sky, the Chilean sky that illuminated her as she spoke her first words in the first delights when she, or I, would appear to find each other and make a pact with the night. That memorious girl converses with the girl of today ... the old, wise, impetuous, and audacious girl, the one who dreams about the Chilean sky, a faraway country, a distant star, and between whispers and wonder, she is what she was and was what she is.

~ 9 ~

Recuerdo a Helena Broder, la dama de Viena, mi bisabuela con sus estolas de fuego, con sus anillos de granate. La recuerdo en el tiempo de las huidas, en aquella noche de los cristales rotos. Aquella noche cuando esa Viena iracunda quemaba las sinagogas y los relojes de la noche dejaron de palpitar, de iluminar los senderos del tiempo, Helena se deslizó silenciosa y certera por las escaleras de fierro. Las aceras se resbalaban de vidrios temerosos y ella, con la claridad y la radiancia del don del vivir y en medio de la iracunda confusión de la historia, se embarcó rumbo a los mares del sur.

I remember Helena Broder, the lady from Vienna, my great grandmother with her stoles the color of fire, with her garnet rings. I remember her in the times of flight, on that night of broken glass. That night when an irascible Vienna burned synagogues and the nocturnal clocks stopped ticking, stopped illuminating the pathways of time, and Helena slipped silently and surely down the iron staircase. The sidewalks were slippery with frightful shards of glass and she, with the clarity and the radiance of the gift of living, and in the midst of history's choleric turmoil, set sail towards the southern seas.

10

La lluvia y tú. La lluvia como tu voz golpeando dulcemente los ventanales de una casa de madera escondida entre las malezas y un bosque salvaje. Me hablabas de los días de la lluvia cuando también tu corazón se humedecía, cuando apoyabas tu rostro en los ventanales quebrados por el tiempo de las pobrezas. Era esa tu lluvia, la del sur del mundo que detenía el compás de los relojes, que buscaba otra forma de medir el tiempo, otra forma de amar.

La lluvia de los pobres era también la lluvia de los ricos, una misma lluvia con olor a musgo y a las cosas verdes. Y tú me enseñabas a trazar mapas imaginarios porque todo era tan frágil como la ilusión de la felicidad, pero las dos, Mamá, éramos felices y nos susurrábamos cantos en nuestros oídos atentos a la canción del agua. La lluvia entraba y salía por nuestros ojos y con ternura nos tomábamos de la mano. Estábamos con la lluvia y nos asomábamos a contemplar el tiempo y la vida, con ternura, con simpleza. Esa era mi infancia contigo. Ahora tú eres mi niña vieja.

The rain and you. The rain like your voice gently tapping hitting the windows of a wooden house hidden between the weeds and an untamed forest. You spoke to me of rainy days when even your heart would overflow, when you rested your face against the panes broken by times of scarcity. That was your rain, the rain in the southern part of the world that stopped the ticking of clocks, that sought another way of measuring time, another way to love.

The rain of the poor was also the rain of the rich, the same rain redolent of moss and all things green. And you taught me to draw imaginary maps because everything was as fragile as the illusions of happiness, but we were happy, Mamá, and we whispered cantos in each other's ears, attentive to the water's song. The rain came in and out of our eyes and we held hands affectionately. We were one with the rain and we peered out to reflect on time and life, with tenderness, with simplicity. That was my childhood with you. Now you are my old girl.

11

De la infancia conjuré los miedos que iluminaban las verdades y los silencios en la mesa del sábado, la silla para un familiar ausente y comprendí la ingratitud del tiempo y de la historia, la del pequeño árbol genealógico de una familia que enmudecía frente al dolor de nuestro pasado.

From childhood, I conjured up the fears that illuminated truths and silences at the Sabbath table, the chair of an absent relative, and I understood the ingratitude of time and history, the history of the small ancestral tree of a family that remained silent before the pain of our past.

12

El olor a lilas, una fragancia que comienza con lentitud como si fuese a despertar a los párpados dormidos, a sentir la lentitud de lo que nos despierta, de lo que florece con los atuendos invisibles, de lo que se avecina siempre tiempos mejores en la adversidad de los días. Mi abuelo amaba las lilas, amaba las lilas de Viena, amaba su ciudad, las lilas del parque de diversiones cuando solía tener fe en la infancia y en el futuro de la infancia. Un día se marchó de Viena. No tenía claro su destino, pero supo que llegaría a un país donde las lilas crecían junto al mar, donde eran dulces como el primer amor. Soy yo ahora la que ama las lilas, las lilas que florecen en Nueva Inglaterra. Mi casa se llama la casa de las lilas. Entonces converso con mi abuelo, recuperamos las voces, la dulzura de los momentos, la extranjería de las cosas.

The scent of lilacs, a fragrance that rises slowly as if to wake sleeping eyelids, to feel the slowness of that which rouses us, blooms with invisible attire, and always heralds better times in the adversity of days. My grandfather loved lilacs, he loved Vienna's lilacs, he loved his city, the lilacs in the amusement park where he used to have faith in childhood and the future of childhood. One day he left Vienna. He was uncertain of his destination, but he did know he would arrive in a country where lilacs grew next to the sea, where they were sweet like a first love. Now, it is I who loves lilacs, the lilacs that bloom in New England. My house is called the House of Lilacs. And so, I converse with my grandfather, we recover our voices, the sweetness of moments, the foreignness of things.

13

Después de la lluvia, hundes tus manos en la tierra húmeda cubierta de anhelos y una diáfana claridad. La tierra huele a las manos de tu madre que secaban tu cuerpo en los días de lluvia, aquellos días cuando regresabas del colegio saltando en cada charco, cuando el alfabeto de las cosas te sonreía mientras repetías "La lluvia sana al mundo", como decía tu abuela pensativa que creía que el mundo estaba hecho de semillas que brotaban callampas azules después de la lluvia.

After the rain, you plunge your hands into the damp soil covered with yearning and a diaphanous clarity. The earth is redolent of your mother's hands that dried you off on rainy days, those days when you returned from school jumping in every puddle, when the alphabet of things would smile at you while you repeated "The rain heals the world," as your pensive grandmother used to say; your grandmother who thought the world was made of seeds that sprouted blue mushrooms after the rain.

~ 14 ~

Recorres aquella casa que albergo en los recuerdos de tu infancia y ahora puedes soñarte en ella, caminar sobre el pasto húmedo en el patio y con tus pies descalzos como solías hacer cuando mirabas al cielo. De pronto, te encuentras frente al níspero y al limonero y los abrazas en sus troncos y en las grietas que guardan su memoria. Y luego entras al cuarto de tus padres donde siempre te esperan para oír de tus sueños mientras el tiempo suspendido en la memoria decanta como los días del silencio.

You go through that house that I harbor in my memories of your childhood, and now you can dream of yourself inside it, walking barefoot on the damp grass in the garden like you used to when you gazed at the sky. Suddenly, you find yourself before the loquat and lemon trees and you hug their trunks and the crevices that safeguard their memories. Then you enter your parents' room where they always wait for you to hear about your dreams while the suspended time of memory decants like silent days.

~ 15 ~

Las tardes de lluvia en un país largo como la memoria entera y mi padre en ella mirando hacia un horizonte que hoy es pura ausencia. Y yo imaginándome en la luvia junto a un collar de palabras o un fajo de leñas que murmuran a la distancia, en el silencio de la tarde que busca el refugio de la noche. Y yo, en esa niñez, sintiéndome feliz por la fragancia oculta de los días de lluvia, por el jazmín y el musgo, por la piel que se cubre de agua viva.

Rainy afternoons in a country as long as memory itself, and my father is there gazing at a horizon that today is pure absence. And I imagine myself in the rain beside a strand of words or a bundle of firewood that murmurs in the distance, in the silence of an afternoon that seeks the shelter of night. And I, in that childhood, feel happy thanks to the mysterious fragrance of rainy days, the jasmine and the moss, happy that my skin is covered in living water.

~ 16 ~

Los ojos de mi madre son brazos de ríos dulces. Su mirada yace entre dos mundos. A veces sus ojos parpadean como una luciérnaga en la oscuridad de una mirada fugitiva. A veces los ojos de mi madre se abren. Me los entrega tan solo para mí y la vuelvo a mirar como en los días de una niñez cuando el temor y la alegría eran inseparables. Heredé sus ojos. Heredé la paz de su sonrisa. La miro entre mundos … La miro entre el río fresco de la vida y el río silencioso de la muerte. Ambos se entrelazan y la cubren de aquella extraña luz que anuncia el paso de todos los tiempos. Entre estos dos tiempos, beso su frente. Ella contesta con su mirada. El agua viva la nutre.

Los ojos de mi madre bailando al compás de las horas fugitivas. Los ojos de mi madre que eran siempre el quieto estanque de los míos, ahora extraviados en los portales del vasto territorio de lo que desconocemos. Los ojos de mi madre como libélulas en busca de un refugio seguro danzan sobre su mirada vacante a veces, en el fino instante de una desconocida memoria, se juntan con los míos.

My mother's eyes are brooks of sweet rivers. Her gaze resides between two worlds. Sometimes her eyes flicker like a firefly in the darkness of an elusive glance. Sometimes my mother's eyes open. Her gaze turns to me, only me, and I look at her again like I did in the days of my childhood when fear and happiness were one. I inherited her eyes. I inherited her tranquil smile. I gaze at her between worlds ... I see her in the fresh river of life and the silent river of death. Both entwine and cover her with that strange light that announces the passage of all time. Between those two times, I kiss her forehead. She answers with her gaze. The living water nourishes her.

My mother's eyes dance to the rhythm of elusive hours. My mother's eyes, which will always be the tranquil pool of my own eyes, are now lost on the threshold of the vast territory of what we do not know. My mother's eyes, like dragonflies in search of a haven, dance across her vacant gaze, and sometimes, in the discerning moment of an unfamiliar memory, they merge with mine.

17

Tal vez todo lo que aprendí fue al mirar los ojos de mi madre el color de las algas reposando junto a la luz del mar. Tal vez todo ocurrió en los cuartos de atrás frente a un brasero luminoso donde Carmen Carrasco conjuraba la llegada de los muertos. Tal vez todo era una línea azul sobre un horizonte privilegiado donde escuchábamos el vaivén de los días, el pasar del tiempo, la llegada de la noche en Chile.

Perhaps everything I learned came from looking into my mother's eyes, the color of seaweed resting next to the light of the sea. Perhaps everything happened in backrooms in front of a glowing brazier where Carmen Carrasco conjured the arrival of the dead. Perhaps everything was a blue line on a privileged horizon where we listened to the ebb and flow of days, the passage of time, the arrival of night in Chile.

Las cosas cotidianas

Quotidian Things

LAS COSAS COTIDIANAS

~: I :~

Te detienes frente a esa fotografía, la única que has guardado entre el asombro y el dolor del tiempo. Permanece oculta entre las cosas que amas: el reloj de bolsillo de tu padre, el anillo de filigrana de tu abuela traviesa y libre … De vez en cuando la miras. Te gusta ver su sonrisa, los labios delgados como un pincel que descubre los detalles del tiempo. En esa fotografía él se acerca a ti, apenas roza tu hombro con la sutileza de un amor oculto. La fotografía cuenta lo que tan solo tú y él saben, lo que han sabido siempre … Tu alma y la de él se han reconocido. Entre tú y él todos los silencios se sienten, se escuchan. Cada amanecer, descalza, lo saludas y él a ti. No están solos. El amor transcurre entre los días. Es como la luz de una luciérnaga que al atardecer regresa, se posa en tus manos, te acompaña. Y tú lo reconoces todo y sabes quién te acompañará esa noche, quién jugará con el deseo de tus palabras, quién se irá al amanecer nublado para siempre regresar, para oscilar entre el tiempo de todas las presencias.

You pause before that photograph, the only one you have kept between the wonder and pain of time. It remains hidden among the things you love: your father's pocket watch, the filigree ring of your mischievous and free-spirited grandmother … From time to time, you gaze at the image. You like his smile, his thin lips like a paintbrush that reveals time's every detail. In that photograph, he approaches you, barely touches your shoulder with the subtlety of a secret love. The photograph tells of what only you and he know, what you have always known … Your soul and his have recognized each other. Between you every silence is felt, is heard. Each dawn, you greet him unadorned, and he greets you. You are not alone. Love glides between days. It is like the light of a firefly that at sunset returns, lands on your hands, accompanies you. And you recognize everything and know who will accompany you that night, who will play with the desire of your words, who will leave on a cloudy dawn to always return, to waver between the time of all spirits.

2

Las pequeñas cosas... lo que los niños guardan en sus bolsillos, las palabras de mamá cuando me dijo que tenía el universo en mis manos, cuando guardó un ágata resplandeciente como el sol. Las cosas pequeñas ... sonrisas al amanecer por el redescubrimiento del mundo, las puertas pequeñas, un escritorio con olor a sándalos.

Little things ... things children keep in their pockets, my mother's words when she told me I had the universe in my hands, when she held on to an agate as resplendent as the sun. Little things ... smiles at dawn at the rediscovery of the world, small doors, a desk redolent of sandalwood.

3

Amo los higos cuando aparecen al fin de la estación y me recuerdan a mi primer deseo cuando atravesabas largos senderos para obsequiarme un higo fresco morado y azul mientras la noche recostaba sobre nosotros.

I love figs when they appear at the end of the season and remind me of my first desire when you used to travel long paths to offer me a fresh, purple-blue fig as the night sprawled above us.

4

El vino oculto ... el vino compañero del tiempo de las tristezas, de las noches tibias, descalzas. El vino como una delicia en la mesa fastuosa y en la mesa humilde. Al centro de la mesa nos aguarda y nos incita a conversar del tiempo de las cosas prohibidas, el tiempo de los anhelos, el tiempo del éxtasis y el dolor de las cosas inciertas. El vino oculto, el que habla de los amores secretos, de ese amor en la encrucijada del misterio y del abismo. El amor oculto que es sagrado y bendice lo que no se puede decir. El vino, el que te habla después de la medianoche y el que te cubre de un manto de estrellas. El vino en nuestras manos. El vino que murmura y canta.

Mysterious wine … wine, the companion of sad times, of warm flawless evenings. Wine, like a delight on a sumptuous table, a humble table. In the middle of the table, it awaits us and incites us to speak about the time of forbidden things, the time of longing, the time of ecstasy, and the pain of uncertain things. Mysterious wine that speaks of secret loves, of that love at the crossroads of mystery and the abyss. A secret love that is sacred and extols what cannot be said. Wine that speaks to you after midnight and covers you in a mantle of stars. Wine in our hands. Wine that murmurs and sings.

5

El pan sobre la mesa, un pan redondo y sagrado como el anillo que ha llevado tu pueblo que sufre y canta. Te imaginas este nuevo comienzo, la llegada de una cascada luminosa sobre el cielo y la tierra. Te prometes a ti misma buscar los portales de la felicidad, ver al mundo en la primera estrella que desciende hoy sobre el cielo como una sola plegaria y agradeces a tu lado los muertos en aquel silencio que a ti te habla, ese silencio que todo lo nombra, que nada posterga, y la silueta de tu abuelo te cobija como un talit lleno de estrellas.

Bread on the table, a round and sacred loaf like the ring that your people have always worn, your people who suffer and sing. You envision this new beginning, the arrival of a luminous waterfall over the sky and the earth. You promise yourself to seek portals of happiness, to see the world in the first star that descends over the sky tonight, like a single prayer, and you thank the dead who are at your side in that silence that speaks to you, that silence that names everything, that holds back nothing, and the silhouette of your grandfather shelters you like a tallit brimming with stars.

6

No hay arte sin el misterio que nos acerca al saber de lo desconocido, a la duda temerosa que se abre ante lo inconcluso. No hay arte sin reconocer una palabra o un sonido en el viento o un pincel que despierta el lenguaje de los colores.

There is no art without the mystery that brings us closer to knowledge of the unknown, to the fearful doubt that surfaces in the face of something unresolved. There is no art without recognizing a word or a sound on the wind or a paintbrush that stirs the language of colors.

En la espesura de los bosques del sur del mundo donde los pájaros fueron ángeles bajo la piel del cielo, oí la voz del cello. Un músico se deslizaba por sus cuerdas como quien descubre por primera vez el sonido del cuerpo, del amor. Cada cuerda es un beso descalzo y a veces victorioso. Esa voz de cello como un canto o lamento en la soledad del atardecer cuando el mundo escucha lo que no se pudo palpar ni decir.

In the thick of the forests of the southern hemisphere, where birds were angels under the skin of the sky, I heard the voice of the cello. A musician glided over its strings like someone discovering for the first time the body's voice, the voice of love. Each string is a pure and sometimes victorious kiss. The cello's voice, like a chant or a lament in the solitude of twilight when the world listens to what could not be touched or said.

La poesía quería divulgar la intimidad de las cosas: el sueño de los relojes a medianoche, la fragancia y la timidez de un beso. En la poesía buscaba los resquicios del alma, la frondosa intimidad de la memoria. La poesía amaba el silencio de lo innombrable. Era cómplice de los amores ilícitos que son siempre aquellos verdaderos.

Poetry longed to divulge the intimacy of things: the slumber of clocks at midnight, fragrances, and the shyness of a kiss. In poetry, I searched for the soul's chinks, the lush intimacy of memory. Poetry loved the silence of the unmentionable. It was the accomplice of illicit loves, which are always the truest.

~ 9 ~

Tus dedos leen un poema mientras acarician palabra tras palabra.

Your fingers read a poem as they caress word after word.

~ 10 ~

¿Dónde comenzaba el poema? ¿En las espesuras de la oscuridad? ¿En las hendiduras del tiempo del mar? ¿Empezaba con el color azul, el color del deseo, el color de lo incomprensible? ¿Empezaba el poema plasmado en el gesto del ensueño, en el haz intermitente de un faro? ¿Dónde nace el poema? ¿En la raíz de todos los sonidos? ¿En el gesto del amor que es siempre el gesto de la reciprocidad? ¿Será que el poema nace como una Venus enamorada de la concha del agua? ¿Dónde nace el poema? ¿Dónde nace el amor? ¿Cómo se traducen los gestos del agua?

Where did the poem begin? In the thickets of darkness? In the crevices of the time of the sea? Did it commence with the color blue, the color of desire, the color of what cannot be understood? Did the poem originate in the gesture of a reverie, in the intermittent beam of a lighthouse? Where is the poem born? In the heart of all sounds? In the gesture of love that is always a gesture of reciprocity? Could it be that the poem is born like a Venus enamored with a seashell? Where is the poem born? Where is love born? How can the water's portents be deciphered?

~ 11 ~

Estás junto a mí en aquel sitial donde las manos se congregan, donde tus dedos acarician mi cabello despeinado. Tengo un libro entre mis manos y en voz alta leo un poema que se refiere a ti. Escuchas lo que hay detrás de esas palabras porque la poesía es una forma de amar.

You are beside me in that place where our hands join, where your fingers stroke my tousled hair. I hold a book in my hands, and I read aloud a poem that alludes to you. You listen for what lies behind those words because poetry is a way of loving.

~ 12 ~

Aprendo a surcar tu rostro, navegar entre sus hendiduras, sus imperfecciones … Me acerca a la fe, a la abierta zona de la gratitud. Juego con tu rostro dormido, el parpadear de tus ojos en la noche es también el pasaje hacia las estrellas. Entre nosotros el tiempo ha sido generoso, tiempo de abundancias, tiempos de lealtades. Duermo en tu sueño, despierto sin cautela, te despierto con un poema en tu boca.

I learn to explore your face, to navigate its furrows, its imperfections … Your face draws me nearer to faith, to the infinite region of gratitude. I caress your face while you sleep. The blinking of your eyes in the night is also the secret passageway to the stars. Time has been kind to us, a time of abundance and loyalty. I dream inside your dream, I awake without a care, I wake you with a poem on your lips.

~ 13 ~

Ese pequeño país imaginario que descubrí en ti fue también el anhelo de mi poesía, el único país que te vio despertar al refugio del amor donde aprendiste a apreciar el sepia y purpura de la tristeza al igual que el rosado en cada amanecer.

That small imaginary country I discovered in you was also my poetry's passion, the only country that saw you awaken to the shelter of love, where you learned to appreciate the sepia and purple of sadness as well as the pink blush of every dawn.

~ 14 ~

Contemplas todo con lentitud: un nido de aquel pájaro que regresa todos los veranos, el palpitar de una mariposa como el palpitar de una flor, un ramo de rosas que adorna tu habitación. Observas los pétalos caídos, las hojas caídas. No intentas recoger nada. Tan solo observas el destino errante de las cosas … Amas los lápices desordenados sobre una mesa que canta. Amas las horas de los tiempos inconclusos, el corazón de los pequeños gestos, el ritmo de un instante como la felicidad.

You leisurely observe everything: a nest made by that bird that returns every summer, the flutter of a butterfly like the flutter of a flower, a bouquet of roses that adorns your room. You gaze at the fallen petals, the fallen leaves. You do not attempt to gather them. You simply observe the errant destiny of things … You love pencils haphazardly strewn upon a table that sings. You love the hours of unfinished times, the heart of small gestures, the rhythm of an instant like happiness.

15

Ella se despertaba descalza y sencilla como el anillo azul que adornaba su mano. Ella amaba las cosas de todos los días: abrir las cortinas del amanecer, invitar al sol que entibiaba el nuevo día, porque ella amaba todos los comienzos y no quería que ningún vestigio de la noche ocupara los momentos de la luz. Ella acudía al mercado a buscar flores frescas, claveles y violetas, lavandas para invitar la calma y el amor. Emprendía el viaje por un camino de piedras desiguales. Ya conocía ese camino, esas piedras que siempre iban acompañadas de un borde de flores silvestres salvajes en su inocente belleza y ella seguía hacia el mercado en ese pueblo, como de un cuento de hadas, que había preservado puentes levadizos, castillos y murallas. En el mercado, el pan fresco, las flores como un día feliz, el queso reposado entre los años … Luego regresaba por el camino pedregoso con la felicidad en sus manos, en sus ojos. Todo allí era belleza.

She used to wake unadorned and unassuming like the blue ring that graced her hand. She loved everyday things: opening the curtains at dawn, inviting the sun to warm the new day, because she loved all beginnings and did not want any vestige of night to seize moments of light. She would go to the market in search of fresh flowers: carnations and violets, lavender to summon calm and love. She began the journey on a path of uneven stones. She knew that path well, those stones that were always accompanied by a border of wildflowers, untamed in their innocent beauty, and she continued towards the market in that fairytale town where drawbridges, castles, and city walls still endured. In the market, fresh bread, flowers like a happy day, cheese aged for years ... Then she would return on the stone path with happiness in her hands, in her eyes. Everything there was beautiful.

◦: 16 :◦

Untamos la miel en los labios como dos portales. La miel como el amor se desliza entre nuestros dedos. La fe es también el cuerpo del deleite.

We smear honey on our lips like two portals. Honey, like love, slips between our fingers. Having faith is also believing in the body's ability to delight.

◦: 17 :◦

No fue prudente hablar de la felicidad. Tal vez fuera el momento de la felicidad, aquel instante que de pronto te sacudió y entraste a las puertas del corazón ... y ahí estábamos.

It was unwise to speak of happiness. Perhaps it was the moment of happiness, that instant that shook you abruptly and you stepped through the doors of your heart ... and there we were.

◦: 18 :◦

Amé el tiempo de las cosas inacabadas, como la escoba reposando sobre la alfombra de hojas violetas, tal vez dejarlas ahí adornando la tierra. Aquello era lo que tenía que ser ... Amé los palillos de madera sobre la lana hechicera que hilvanó nuestros recuerdos, aquella lana que sobre la chimenea esperaba el invierno y aún guardaba el color de la tierra. Amé las cartas que no se terminaban porque ni el amor ni las palabras buscaban algún principio o cierto final. Amé la sinfonía inconclusa de Schubert. Sin él, el sonido del músico enamorado, nadie podría concluirla ... Amé el amor inconcluso, el que iba y regresaba, el que se acababa y no se acababa, y escribí largas cartas para explicar lo inexplicable de las cosas. Escribí sobre la mesa donde una taza de café sin terminar se agregó a esa lista de sueños por cumplir, a un sobre por abrir, a un rompecabezas de lugares imaginarios juntos por armar.

I loved the time of unfinished things, like the broom resting on the carpet covered with violet leaves. Perhaps they should remain there adorning the earth. That was how it was meant to be … I loved the wooden knitting needles resting atop the enchanting wool that weaved together our memories, that wool that waited for winter on the mantel and still retained the color of soil. I loved unfinished letters because neither love nor words searched for a beginning or an ending. I loved Schubert's unfinished symphony. Without him, the sound of the enamored musician, no one would be able to finish it. I was enthralled by unresolved love that came and went, that ended and did not end, and I wrote long letters explaining the inexplicable nature of things. I wrote on the table where an unfinished cup of coffee was added to that list of dreams to be realized, along with an unopened envelope and a jigsaw puzzle of imaginary places yet to be assembled.

19

Empezamos a descubrir el tiempo del sendero, el que aparece y se bifurca, el que nos guía al tiempo del agua. Sin premura, hemos ido escuchando las historias del camino como aquellas que cantan las mujeres con sus cestas de gredas, también las urdimbres del silencio o el claro estruendo de las hojas sin compás ni brújula. El camino nos enseña el tiempo desprevenido de las cosas … lo que es y lo que no es, las palabras veloces que se pierden en abismos y sorderas, las palabras tejidas en hebras de oro. Así nos hacemos frágiles y sabios. Rescatamos la gloriosa humildad y sin saber adónde vamos, llegamos con la certeza de lo inefable, con la gratitud de un diseño misterioso.

We began to discover the time of the path that appears and branches off, that leads us to the time of water. We have been listening to the tales of the road, like those chanted by women with their clay baskets, as well as the warps of silence or the delicate clamor of wayward leaves. The road teaches us the unexpected time of things ... that which is and that which is not, hasty words that become lost in chasms and deafness, words weaved in threads of gold. That is how we become vulnerable and wise. We rescue humility in all its glory and without knowing where we are heading, we arrive with the certainty of an ineffable realm, with gratitude for a mysterious design.

⁓ 20 ⁓

Hemos ido asombrándonos en la búsqueda de nuestras manos. En ellas sujetábamos al mundo, a nuestros hijos ... Los paseábamos entre los días luminosos, el ocre de los árboles dormidos y la noche misma. Ahora nuestras manos dos mariposas que reposan sobre nuestros pechos. La mía se esconde en la tuya, la tuya se pierde en la mía. Nuestras manos, las que tantas veces han jugado recostadas sobre el tema del amor. Tus manos las que encuentran mi cabello tendido sobre las tuyas y yo que encuentro las grietas de tu historia en ellas. Te asombras ante la pequeñez de las mías. Con ellas escribo sobre un mundo que se desvanece. Mis manos lo recogen, las palabras se acercan a ellas y con humildad también entran a jugar con estas dos mariposas que combaten con una palabra o con un diccionario. Las tuyas juegan con lo efímero, las cifras del universo, las estrellas lejanas, la intuición matemática de la luna. De pronto se encuentran frente a un plato generoso. Reparten la albahaca, esparcen cilantro, juegan con la inmensidad de los espaguetis. La una con la otra juega juntas en la perfecta simetría del universo. Nuestras manos, las que han rezado juntas, untado luz en el rostro de los ancianos, vestido a un niño, y por las noches se reúnen como un pájaro extraviado con el don de volver a casa, de jugar con la historia, de amar al tiempo dormido, el asombro de verlas reposar cual mariposas dormidas.

We gazed in wonder as our hands searched. In them we have held the world, our children … We took them for walks on luminous days, on days when the slumbering trees took on an ochre hue, and even at night. Now our hands are two butterflies that rest on our chests, mine nestled in yours, yours lost in mine. Our hands that, while resting, have so often explored together, speaking the language of love. Your hands find my hair fanned over them, and I find the crevices of your life's story in them. You marvel at how small my hands are. With them I write about a world that is slowly disappearing. My hands recover that world, words draw closer to them, and with humility they begin to play with these two butterflies that conquer with a word or a dictionary. Your hands play with the ephemeral, with the ciphers of the universe, with the distant stars, and the mathematical intuition of the moon. Suddenly they find themselves in front of a generous plate of food. They sprinkle basil, scatter cilantro, and play with long strands of spaghetti. One hand plays with the other in the perfect symmetry of the universe. Our hands that have prayed together, that have spread light on the faces of the elderly, that have dressed a child, and that at night reunite like a wayward bird with the gift of returning home, playing with history, loving the time of slumber, the wonder of seeing them repose like two butterflies.

21

Este es mi rostro surcado por el tiempo de los días, por el tiempo incierto de los días. Este es mi rostro, la piel de la niña que fui. Tiene dulces y traviesas grietas. El tiempo ha viajado por ella … Los ojos se asemejan a dos islas extraviadas en la mitad del rostro, los labios que antes eran abiertos como la sonrisa de la media luna han perdido la textura clara de su luz y se adelgazan como los días vividos y por vivir. Este es mi rostro que ha naufragado tantas veces en su delirio de querer salvar al mundo … pero nada perdí en el intento. Al contrario, fui una victoriosa soñadora. Intenté salir de la pieza oscura de la mezquindad y dirigirme hacia la luz de lo posible. Fui audaz en mis deseos. Este es mi rostro ... Parece haberse vuelto aún más hermoso y más vivo a pesar de sus hendiduras, de sus ríos que lo cruzan. Ésta es mi nariz, la amadora de las fragancias, la agradecida por las madreselvas, y mis oídos que amaron el viento iracundo, el viento suave sobre las praderas. En él, este rostro contiene lo que fui y lo que soy, agradecida por el tiempo vivido, por el ahora iluminado, por el futuro inverosímil de los días plenos. Este es mi rostro ... En él amanezco agradecida, el mundo en mi mirada, la ventana sujetando al mundo, la risa surcada por las victorias y las derrotas, alerta, salvaje, bellamente envejecida.

This is my face, etched by the time of days, by the uncertain time of days. This is my face, the skin of the girl I once was, with its sweet and mischievous dimples. Time has travelled through her ... My eyes resemble two wayward islands in the middle of my face, my lips that once would part like a half-moon smile have lost the clear texture of their light and become thin like days already lived and those still to come. This is my face that has shipwrecked so many times in its delirium of wanting to save the world ... but I lost nothing by trying. On the contrary, I was a victorious dreamer. I tried to leave behind the dark room of pettiness and head toward the light of possibilities. I was audacious in my desires. This is my face ... It seems to have become even more beautiful and alive despite its lines, the rivers that traverse it. This is my nose, lover of fragrances, grateful for honeysuckle, and my ears that loved irascible winds and gentle winds over meadows. In it, this face encompasses who I was and who I am, grateful for the time I have lived, for the brightness of now, for the inconceivable future of abundant days. This is my face ... I awake with gratitude etched upon it, the world within my gaze, the window holding the world, my laughter etched by victories and defeats, alert, untamed, beautifully aged.

22

¿Qué nos pedirá el cuerpo al amanecer? ¿Que un cuerpo se anuda al otro o el silencio del amor y del desamor? ¿Qué nos pedirá el cuerpo por las noches? ¿El recuerdo de los días o el amor que atraviesa fronteras o el sueño de los amores ocultos? El cuerpo como nuestro nido, origen y vestigio. El cuerpo reparador.

What will our bodies ask of us at dawn? That one body bonds with another or the silence of love and heartbreak? What will our bodies ask of us at night? The memory of days or love that crosses borders or the dream of secret loves? The body is like our nest, our origin, and our history. The restorative body.

23

Comenzó tal vez con la mirada, la voz de la mirada, aquella sabiduría cercana y lejana que tan solo emana de los ojos. Los ojos se encuentran con la mirada del mundo, esa luz que llega descalza y también aguarda la oscuridad. Fueron entonces, tus ojos, arena y agua, la luz intermitente del mar. Desde la primera vez que vi tus ojos, supe que siempre te había buscado. Tus ojos color arena y miel se confunden con los míos, con la vida que asombra y amanece en las cosas. La voz de la mirada como una llave, una llave clara y oscura, una llave que abre los portales, se sumerge por las quebradas y los ríos, la llave del entendimiento sin entenderlo del todo.

Perhaps it began with the gaze, the sound of the gaze, that wisdom, both intimate and known, that only emanates from the eyes. The eyes discover the world's gaze, that light that arrives unadorned and awaits the darkness. Back then, your eyes were sand and water, the twinkling light of the sea. From the moment I first saw your eyes, I knew I had always been searching for you. Your eyes, the color of sand and honey, merge with mine, with a life that astounds and dawns in things. The sound of the gaze, like a key, a key that is light and dark, a key that opens portals, that immerses itself in streams and rivers, the key to understanding without understanding things fully.

~ 24 ~

Un florero de cristal como un encaje, el vidrio como una sola lágrima, un tallo elongado … Una rosa solitaria entre las demás rosas. La rosa que se contempla a sí misma, la rosa que regresa al umbral de la mirada. La saludas y le agradeces por el don tenue de la belleza a sabiendas que en el tiempo próximo de las tenues horas de la muerte perderá su resplandor innato, se despojará de sus atuendos, los pétalos se volverán sombra y nada de ella quedará más que la memoria del instante irreconciliable de una rosa que se brindó a sí misma como el principio del amor, el amor que como los pétalos caídos regresa a un jardín deshabitado, a un sentir en ruinas.

A crystal vase like lace, glass like a single tear, an elongated stem … A solitary rose amid all the other roses. A rose that regards itself, a rose that returns to the threshold of a gaze. You greet it and thank it for its tenuous gift of beauty knowing that shortly, when the hour of death is nigh, it will lose its natural radiance, it will shed its trappings, its petals will become shadow, and nothing will be left of it but the memory of that irreconcilable moment when a rose gave freely of itself, like in the beginnings of love, love that like the fallen petals, returns to an uninhabited garden, to a feeling in ruins.

Entre la luz y la oscuridad

Between the Light and the Darkness

ENTRE LA LUZ Y LA OSCURIDAD

1

Antes, recuerdas, conversamos de las cosas olvidadas, las que dejamos en las ciudades de agua porque regresaríamos a ellas, a la clara luz donde no había traición ni fuga, tan solo la luz custodiando el día y la noche, una luz clara y sonora que a todos nos pertenecía, una luz que nos guiaba sin vigilar. Era la luz de Dios y las estrellas, la luz clara, la luz que nos guiaba entre el umbral de la noche y el día.

Remember before when we talked about forgotten things, things we left behind in cities of water because we would return to them, return to the clear light where there was neither treachery nor flight, only the light watching over both day and night, a clear and resonant light that belonged to us all, a light that guided us without judging us. It was the light of God and the stars, the clear light, the light that guided us between the thresholds of night and day.

2

Te regalo el fulgor de estos días, la persistencia de este sol y la valiente oscuridad que guarda el paso de la luz entre el ramaje.

I gift you the brightness of these days, the persistence of this sun, and the brave darkness that guards the passage of light between the branches.

3

Preparas una ofrenda para Perséfone porque siempre ella regresa. Junto a ella todo vive y florece en el tiempo de la tibieza. Has aprendido tanto de ella como también de ese abrumador recuerdo cuando la llevan a ese espacio tan oscuro, a ese tiempo de clausura. Has aprendido algo esencial: que hay infinitas zonas de oscuridad e infinitas zonas de luz donde todos habitamos. Estos dos mundos como aquellas solitarias y nostálgicas líneas del tren que nunca se juntan, sino que viajan una al lado de la otra. Tanto hemos aprendido de la oscuridad como de la luz.

Imaginemos los libros de la antigüedad, los que yacen guardados en la oscuridad de todas las noches del mundo. De pronto llegas al rescate. Eres un lector intrépido. Sacas aquel libro, cautivo como Perséfone, porque sabes que cada cosa lleva dentro de sí el sendero de la luz. Has traído flores frescas, las que tan solo viven con una mirada: una rosa a punto de despedirse de la bondad de su propia belleza. Cada pétalo es un instante o un siglo. Y al altar has traído las piedras del río, las piedras que tienen el don de contar historias.

Perséfone llegará porque tú la aguardas con la vela del amor que se enciende solitaria y plena. Perséfone regresará de la oscuridad más sabia y más plena. Hades ya no está con ella y no ejerce sobre ella ninguna tiranía. Llegará Perséfone con la mirada de la luz en sus palabras. La primavera siempre regresa a la infinidad de la oscuridad, pero te quedas con la luz, con la vida que es tu fe y volverás a intentarlo otra vez como si por primera vez regresaras al amor.

You prepare a gift for Persephone because she always returns. In her company, everything thrives and blooms in the warmth of springtime. You have learned so much from her as well as from the overwhelming memory of her being taken to that darkest of places, to that time of captivity. You have learned something fundamental: there are infinite regions of darkness and light. We all dwell in these two worlds, like those solitary and melancholy train tracks that never meet but rather travel side by side. We have learned as much from the darkness as we have from the light.

Let us imagine the ancient books that lay shrouded in the darkness of all the nights of the world. Suddenly you come to their rescue. You are an intrepid reader. You take out that book, captive like Persephone, because you know that everything has within it the path of light. You have brought fresh flowers, those that only live thanks to a glance: a rose about to bid farewell to the goodness of its own beauty. Each petal is an instant or a century. And you have brought river stones to the altar; stones that have the gift of telling stories.

Persephone will come because you wait for her with the candle of love that burns solitary and bright. Persephone will return to the darkness wiser and more complete. Hades is not with her and no longer exerts his tyranny over her. Persephone will arrive with the look of light in her words and in her gaze. Spring always returns to the infinity of darkness, but you stay with the light, with the life that is your faith, and you will try again, as though returning to love for the first time.

4

En las tardes tibias cuando el sol aún nos acompaña, jugamos a buscar la luz … la luz que se desliza entre las manos, la luz que ampara la memoria de nuestros ojos, una luz fugaz y permanente, la luz que se apodera del pasar de las horas y juega con el tiempo y sus tristezas. En estos campos hemos recorrido los senderos de la luz buscando la ruta del amor que ampara, que es refugio, olvidándonos del rencor y de los estruendos del odio … Empezamos a entrar a la redondez del sueño, a aquella sagrada hora de la tarde cuando los cuerpos reposan sobre una dulce luz entrando al dulce cansancio donde nos parecemos a las constelaciones invisibles en el sagrado tiempo del descanso llamado siesta.

On warm afternoons when the sun still accompanies us, we play at searching for the light … the light that slips between our hands, the light that protects the memory of our eyes, the fleeting and enduring light, the light that takes charge of the passing hours and plays with time and its sorrows. In these fields we have travelled down paths of light searching for the route of love that protects us, that is a refuge where we forget rancor and the turmoil of hate ... We begin to drift into the vastness of sleep at that sacred hour of the afternoon when bodies repose in the soft light, sliding into sweet drowsiness where we resemble invisible constellations in the sacred time of rest called siesta.

∽ 5 ∾

La primera nieve del año. Amaneces ... tú y el día distintos. Un suave regocijo para celebrar esta luz custodiada por la transparencia. Los copos de nieve adornan los árboles desnudos, portadores de la memoria de un verano fluido y errante. La poesía aguarda para nombrar la nieve que juega con el silencioso universo. Los poetas aguardan las palabras amadas. Y de pronto en medio de un silencio indefinido regresan los muertos. Te visitan, cantan. Te asomas al atardecer. Las horas se extienden como el rumor de los árboles que añoran la llegada de las hojas, las que florecen en un instante incierto de la harmonía. Entiendes que ya la oscuridad permite la entrada de una luz, esa luz fresca y valiente que despierta las ilusiones.

The first snow of the year. You awake ... you and the day are different. A gentle rejoicing to celebrate this light protected by clarity. Snowflakes adorn the naked trees, the bearers of the memory of a flowing and itinerant summer. Poetry waits to name the snow that plays with the silent world. Poets await beloved words. And suddenly, in the midst of an indefinite silence, the dead return. They visit you. They sing. You peer out at twilight. Hours stretch like the sound of trees longing for the arrival of leaves, leaves that blossom in an uncertain moment of harmony. You understand that the darkness already allows the light to dawn, that invigorating and valiant light that rekindles hopes and dreams.

~: 6 :~

Cuánta oscura tristeza se ha poblado en la tierra, en la desnudez de un silencio cautivo ... Cuántas preguntas inciertas. Pero esa luz que se asoma es un sendero posible, un mapa de las primeras ofrendas, una primavera que te despierta con las alas de una mariposa.

How much dark sadness has rooted itself in the earth, in the nakedness of a captive silence ... How many uncertain questions. But the light that appears is a possible path, a map of first gifts, a spring that wakes you with a butterfly's wings.

~: 7 :~

Había días cuando la tristeza se encogía en los cuartos de atrás, cuando los pasos de los muertos se deslizaban por el jardín escarchado ... A veces la tristeza es como una nostalgia que llega para devorar las pequeñas ilusiones. A veces aguardas la tristeza como a una fiel amiga que regresa a los territorios efímeros. No te olvides que siempre regresas a la geografía de la luz.

There were days when sadness cowered in backrooms, when the footsteps of the dead glided through the frosted garden ... Sometimes sadness is like a yearning that comes to devour small dreams. Sometimes you await sadness like it is a loyal friend returning to ephemeral lands. Don't forget that you always return to the geography of light.

~: 8 :~

De pronto ella sentía que la oscuridad del mundo poblaba los cuartos vacíos en las casas deshabitadas donde ni siquiera los muertos y sus fantasmas regresaban. También las cobijas parecían haberse bañado de humo y maldiciones oscuras. A veces ella pensaba que el mundo yacía en la maleficencia de errores, de los impulsos, de las miradas enjuiciadoras. A veces ella tan solo pedía silencio. Tan solo pedía poder regresar al mar. Tan solo pedía un instante cuando la mirada del mundo era también la mirada del bien, la mirada que permitía todos los posibles regresos, la mirada que devuelve la dignidad extraviada.

Suddenly she sensed that the darkness of the world filled empty rooms in abandoned houses to which not even the dead or their ghosts returned. Even the blankets appeared bathed in smoke and dark curses. Sometimes she thought the world existed in the maleficence of mistakes, impulses, judgmental stares. Sometimes she asked only for silence. She asked only to be allowed to return to the sea. She asked only for a moment when the gaze of the world was also the gaze of goodness, the gaze that allowed for all possible returns, the gaze that restores lost dignity.

La noche que hechiza

Bewitching Nights

1

Amaba las noches de los jazmines cuando se asomaba la luna llena y el cielo se llenaba de esa fragancia habitada por el misterio de una extraña pasión. La noche, el jardín y los jazmines esparciendo fragancias al final del verano, esa estación enamorada cuando también los higos más dulces sueñan con el paladar.

I loved nights filled with the scent of jasmine when the moon rose, and the sky filled with a fragrance imbued with the mystery of a strange passion. The garden, the night, and the jasmine spreading scents at the end of the summer, a season in love, when the sweetest of figs also long to be eaten.

2

Disfrutas de esta noche, la noche del mundo, la que es en el ahora de los tiempos y la que regresa más allá de los tiempos. La noche clara, la que se vislumbra desde la lejanía donde todos los anhelos residen. La noche del mundo cuando recuerdas el conjuro de las cosas amadas, las que llegan en la noche que no busca, pero anhela. Pronto te asomas a la noche donde la quietud te ayuda a describir el silencio de las cosas, lo que reposa, lo que es, lo que encuentras sin buscar. Amas la noche como se añora un amor oculto, el que te espera dentro de la raíz del sueño, el que lo abarca todo y se disuelve en la nada como el tiempo de las cosas efímeras. Te das cuenta de que el amor va más allá de todo deseo, que el amor es noche y fragancia, lo que se lleva por dentro como una estrella distante. Y el amor es así de simple como un anillo o un canto que tan solo es un sonido claro. El amor es la historia de un ramo de flores o el solitario vendedor de rosas, el que deambula por las noches en busca del que le compra una rosa para recuperar el amor. Y es dulce el amor, el que se entrega a las pasiones dulces, a la espera en los balcones, a las palabras que lo acompañan.

Es el amor sin estruendos, ese amor de todos los días en la cotidianidad, en los días de lluvia y niebla y en el atardecer rosa que nos hace sonrojar de timidez y de esplendores.

You enjoy this night, this night of the world that is in the here and now and returns beyond time. The clear night that can be glimpsed from afar where all passions dwell. The night of the world when you remember the enchantment of loved things, things that appear in the night that does not seek but does yearn. Soon you approach the night where the stillness helps you describe the silence of things, what rests, what is, what you find without searching. You love the night, like someone yearns for a secret love that waits for you at the heart of a dream, a love that encompasses everything and dissolves into nothingness, like the time of ephemeral things. You realize that love extends beyond desire, that love is nighttime and fragrances, something we carry within us like a distant star. Love is as simple as a ring or a song that is just a pure sound. Love is the story of a bouquet of flowers or the solitary vendor of roses who wanders through nights in search of someone to buy a rose to win back a love. And love is sweet, love that gives itself to sweet passions, to waiting on balconies, to the words that accompany it. It is love without turmoil, the love of everyday life on rainy and foggy days and during the pink sunset that makes us blush with shyness and splendor.

3

Por las noches te recuestas sobre las sombras. El mundo se ha vuelto turbulento y fugaz, desenfrenado y vertiginoso, en un tiempo de estrellas tenues … Te recuestas y esperas la llegada de la noche. El mar reposa contigo, con el silencio de las aguas que se menguan. La llegada de una luna encendida también te acompaña y, entrelazada en ese esplendor de una naturaleza enamorada de su universo, entiendes que llevas dentro de ti el faro de la justicia, el faro reparador, la luz del mundo en tu mirada.

At night, you recline upon the shadows. The world has become turbulent and ephemeral, unbridled and giddy, in a time of glimmering stars … You lie down and wait for night to arrive. The sea rests with you, with the silence of its ebbing waters. The arrival of a bright moon also accompanies you and, entwined in that splendor of a nature enamored with its world, you understand that you carry within you the beacon of justice, a restorative beacon, the light of the world in your gaze.

Aguardar el tiempo de la noche, anticipar el despliegue de la tenue luz a una oscuridad iluminada. Amanece una estrella en la noche del mundo. Pareciera que han regresado los pájaros de sus migraciones fugitivas. Aparecen las luciérnagas centinelas de la noche. Te untas de miel. También tu cuerpo anticipa y desea. Repites las palabras antiguas que son siempre las nuevas del alfabeto y repites el rezo que aprendiste de tu abuelo, el que promueve un año bueno y dulce. La poesía es ahora la soberana de tus labios. Vuelves a untar tu paladar de una dulzura inconclusa, la que promueve, la que anticipa, la que tiene la fe de las promesas.

Awaiting nighttime, anticipating the unfurling of the faint light into a brilliant darkness. A star dawns in the night of the world. It seems the birds have returned from their transitory migrations. Fireflies appear; they are the night's sentinels. You smear yourself with honey. Your body also anticipates and desires. You repeat the old words that are always the new words of the alphabet, and you repeat the prayer you learned from your grandfather, the one that espouses a good and sweet year. Poetry is now the sovereign of your lips. Once again, you smear your palate with an inchoate sweetness that proffers, that anticipates, that holds the promise of promises.

5

Te acostumbrarás a las visitaciones de la noche, a la llegada de una niebla vulnerable, al tiempo de las sombras que se escurren entre los umbrales. Sabrás que después de las visitaciones de la oscuridad llegará la gracia de la luz y la sabrás reconocer como una flor al rocío. La oscuridad será entonces la maestra de los tiempos del dolor, de ese dolor que pasa y que tal vez en la misma brevedad de un instante es una dulce luz, una luciérnaga en la inmensidad del bosque.

You will become accustomed to nocturnal visitations, to the arrival of a delicate fog, to the time of shadows that slip between thresholds. You will learn that after the nighttime visits comes the grace of light, and you will know how to recognize it, like a flower recognizes the dew. Then darkness will be the teacher of painful times, of that pain that happens and that perhaps, in the brevity of an instant, becomes a sweet light, a firefly in the vastness of the forest.

6

En aquella noche del fin del mundo mientras el cielo se encendía de rojos y llamas estremecedoras y sin cordura, ella, la noche, quería el regreso de los pájaros, los que cantaban en la noche redonda, los que se podían oír y sentir entre los misiles. La guerra custodiaba la noche del mundo. Ella tan solo añoraba el regreso de los pájaros nocturnos.

On that night at the end of the world while the sky burned red and filled with chilling, senseless flames, the night yearned for its birds to return, the birds that sang in the ample night, the ones that could be heard and recognized among the missiles. War kept vigil over the night of the world, a night that longed only for the return of its nocturnal birds.

7

Aguardas sin premura el tiempo de la noche, el que también te aguarda. Y en esas horas cuando el silencio es una lluvia de palabras, cuando nada ocultas, pareciera que el cielo de la noche se abre para ejercer la soberanía de una noche como ninguna. Entonces, solo entonces, invocas al ángel de la poesía, al ángel de la historia, al ángel de la memoria y te dedicas a escuchar las palabras en medio del silencio de ellas. Las palabras reposan en la inmensidad de la noche, de los días, de un canto como un murmullo, como un sollozo que solo se escucha en esa noche, la noche más inmensa del mundo, la noche que regresa a la poesía, al vasto territorio de una imaginación audaz.

You patiently await nighttime, and nighttime waits for you as well. And in those hours when silence is a deluge of words, when you hide nothing, it seems the nocturnal sky opens to exert the sovereignty of a night like no other. Then, and only then, do you invoke the angel of poetry, the angel of history, the angel of memory, and you commit yourself to listening to their words amid their silence. Words repose in the vastness of night, of days, of a song like a murmur, like a sob that can only be heard in that night, the greatest night of the world, the night that returns to poetry, to the vast territory of an audacious imagination.

8

Por la noche escribes una carta. Repites este gesto al anochecer cuando las horas desvanecen y llega la suntuosa oscuridad, un abanico de sombras, un enjambre de brumas.

At night you write a letter. You repeat this act at twilight when hours fade away and the sumptuous darkness arrives, a fan made of shadows, a swarm of fog.

9

Entras al insomnio de la noche, el deseado cuando la casa también entra en el misterio perpetuo del soñar. La noche te recibió como un amor oculto y te dedicaste al arte de escuchar con paciencia. De pronto los árboles también se mecieron como tú frente a ellos, y escuchaste ese rumor de alas, el rumor tierno de las hojas como un pequeño vals vienés, y escuchaste cada hoja como si fueran palabras, las hojas y las palabras que tan solo tú y la noche sabían que florecían.

You enter the insomnia of night, that coveted insomnia when the house also enters the perpetual mystery of dreams. The night welcomed you like a secret love, and you dedicated yourself to the art of listening patiently. Suddenly, the trees swayed like you did before them, and you listened to the sound of wings, the gentle sound of leaves, like a brief Viennese waltz. You listened to each leaf as though they were words, leaves and words that only you and the night knew bloomed.

10

Cuando la luz espera a la oscuridad a esa hora imprecisa del atardecer que se prepara para la noche larga del mundo, es en aquel entonces que regresan los fantasmas, los que aún desean el encantamiento de las cosas, el sentir la noche que cae sobre sus espaldas, el sentir los libros de la oscuridad. También llegan las presencias con las cintas coloridas de las ausencias … Llegas tú con tus ojos color arena, color agua, color miel. Siempre tus ojos indefinidos, inciertos como unas pequeñas huellas en el corazón de la noche, como un gesto de consuelo al atardecer. Llegas tú entre los muertos vestidos de vida. Es esa hora intermedia, fugitiva, cuando todo es y no es, cuando llegan tú y los fantasmas, cuando llega la luz de la poesía y pensamos que seremos felices en este tiempo, en los únicos tiempos posibles cuando todo regresa como regresa la primavera a tus ojos color arena.

When the light awaits the darkness at that imprecise twilight hour that prepares for the long night of the world, it is then that the ghosts return, those who yearn for the enchantment of things, to feel the night cascading over their shoulders, to touch the nocturnal books. They also appear with colored ribbons of absence … You arrive with your eyes the color of sand, the color of water, the color of honey. Your eyes, always vague and uncertain like small imprints in the heart of the night, like a gesture of comfort at sunset. You arrive among the dead who are clad in life, at that in-between hour, that fleeting hour, when everything is and is not, when you and the ghosts arrive, when the light of poetry arrives, and we think we will be happy in this time, in the only possible times when everything returns like the spring returns to your eyes the color of sand.

∽ II ∾

Aprenderás del silencio de la noche cuando los libros reposan en sus audaces repisas. Ahora los miras. Tú también has entrado al tiempo de los silencios. Tú también juegas con la inquieta historia de los libros en la noche, con sus travesías donde las palabras son pequeñas diademas, las historias de la noche. Los libros se asoman. Son inquietos y son vacilantes. Todo en ellos canta como un arroyo que no se seca. Juegas con el silencio de la noche donde la noche no es vacía, es tan solo una lámpara que canta, que se ilumina cuando acaricias las tapas, cuando aprendes a jugar con la ilusión de la fe que es también la ilusión del leer.

You will learn from the nighttime silence when books repose on their audacious shelves. You look at them now. You, too, have entered the time of silence. You, too, play with the restless story of the nighttime books, their journeys where words are small diadems, nocturnal tales. The books peek out. They are restless and hesitant. Everything in them sings like a stream that never dries up. You play with the nocturnal silence where the night is not empty, it is just a lamp that sings, that lights up when you caress the books' covers, when you learn to play with the yearning for faith that is also the yearning to read.*

~ 12 ~

A veces soy la noche que galopa sobre un alma inquieta, la noche que transita en el lecho de un río seco mientras todos duermen con la esperanza de regresar a la infancia. Y así, en el sueño de los sueños, jugamos a ser la noche y disfrazarnos de una luz en los pasillos de esa casa perdida en la memoria. Jugamos a encontrarnos en la oscuridad de ese sueño donde el cuerpo solo despierta a la luz del amor. A veces soy la noche y la que canta en la oscuridad, la noche donde siempre estás, pero en la que a veces te derrumbas al amanecer como todas las casas que alguna vez fueron amadas.

Sometimes, I am the night that gallops over a restless soul, the night that travels across the arid bed of a river while everyone sleeps in hopes of returning to childhood. And so, in the dream of dreams, we pretend to be the night, and we dress up in light in the halls of that house lost in memory. We pretend to find one another in the darkness of that dream where the body only awakens to the light of love. Sometimes I am the night and the one who sings in the darkness, the night where you always are but where sometimes you collapse at dawn like all houses that once were loved.

~ 13 ~

Cuando era niña, recibía la noche, las palabras que emanaban de aquel oscuro silencio. Recibía la noche, sus umbrales llenos de ojos y los libros que antes de adormecerse me obsequiaban ofrendas.

When I was a child, I welcomed the night, the words that emanated from its dark silence. I welcomed the night, its thresholds filled with eyes and books that, before succumbing to sleep, bequeathed me their offerings.

~ 14 ~

Nos gustaba aquella hora, la hora intermedia, la hora súbita, la hora violeta entre el final del atardecer y la llegada pausada de la noche, aquella hora cuando las sombras reclinadas volvían en una danza inquieta al reposo de la tierra. Nos gustaba la hora cuando la noche presagiaba intuición, luces ocultas tras las colinas … Aquella hora, la hora clara y oscura cuando la muerte no moraba entre las casas de piedra, cuando la luz de las cosas amadas cabalgaba en las cuencas de tus redondos ojos … La hora nuestra, la hora de los silencios perpetuos, la hora de los cuerpos desnudos que se abren como quien se abre al amor. Hora antigua y nuestra hora que no vigila, y que tan solo es.

We loved that time, that in-between time, that unexpected time, that violet time between the end of twilight and the gentle arrival of night, that time when recumbent shadows returned in a restless dance to the quiet of the earth. We loved that time when night portended intuition, hidden lights beyond the hills … That time, that bright and opaque time, when death did not dwell within stone houses, when the light of beloved things danced in the pools of your round eyes … Our time, the time of perpetual silences, the time of naked bodies that open up like someone opening up to love. Ancient time and our time that does not judge and that simply is.

~ 15 ~

Descansa el mar sobre la luna encantada y enamorada de su propia luz. Descansa la noche del mar sobre la luna generosa y humilde. Es una luna llena que ofrece promesas, una luna alumbrando historias sin tregua para la oscuridad. Cerca del oleaje los niños juegan con las linternas de luz que vuelan como si también ellas festejaran el tiempo de las ofrendas, el frondoso oleaje, el otoño con sus hojas color sepia que también descansan sobre la tierra. Una luna llena en la plenitud de la noche, en una noche del mundo cuando los pájaros sombríos regresan.

The sea rests upon the enchanted moon that is in love with its own resplendence. The nighttime sea rests upon the generous and humble moon. It is a full moon that offers promises, a moon that illuminates stories with no respite for the darkness. Near the swell, children play with paper lanterns that fly as though they too are celebrating the time of gifts, the lush waves, the autumn with its sepia-colored leaves that also repose on the ground. A full moon in the heart of the night, in a night of the world when the solemn birds return.

~ 16 ~

Aguardabas el anochecer sin premura. Tenías fe en el lucero del anochecer y el lucero del alba, en la llegada de un cielo estrellado, el cielo de la niñez y la radiancia de tus días como antes de conocer la noche oscura del mundo. Entre el mar infinito y el dolor infinito esperabas la llegada del anochecer y la llegada del amanecer, lo que el cielo y la tierra te ofrecían. Después de todo, estábamos llenos de ofrendas y del reconocimiento de la fragancia del mundo.

You used to patiently await nightfall. You believed in the bright star of twilight and the bright star of dawn, in the arrival of a star-filled sky, the sky of your childhood and the brilliance of your days as they were before you became aware of the dark night of the world. Between the infinite sea and infinite pain, you awaited the arrival of twilight and the arrival of dawn, you awaited what the sky and the land offered you. After all, we were replete with gifts and an awareness of the world's fragrance.

~ 17 ~

Antes de dormir y entrar al primer sueño, te llevas los siete ángeles del anochecer. Los yazidí creían en ellos. También creían que todos los ángeles eran buenos. Te llevas entonces láminas doradas de los pueblos perseguidos, la historia de Pesaj cuando Moisés llevó a su pueblo a una tierra prometida que nunca pude ver. Antes de dormir, se asoman los objetos inefables: una carta de agua que no llega, que no se envía, que es y no es; un higo en el corazón de un verano inquieto; una rosa y sus pétalos efímeros. Esos son los objetos del sueño. La abundancia está en lo pasajero, en lo que tal vez al amanecer ya no es, entre el sueño de la luz y la oscuridad.

Before going to sleep and beginning the first dream, you summon the seven angels of twilight. The Yazidis believed in them. They also believed that all angels were good. Then you take with you the golden scrolls of the persecuted, the story of Passover when Moses led his people to a promised land that I was never able to see. Before sleeping, ethereal objects appear: a letter made of water that never arrives, that is never sent, that is and is not; a fig in the heart of a restless summer; a rose and its ephemeral petals. Those are the objects of dreams. Abundance can be found in that which is fleeting, in that which, at dawn, perhaps no longer exists between the dream of light and darkness.

18

Ella anhelaba la llegada de una hora nocturna, la quietud del anochecer para soñar con el amanecer. Añoraba pensar que podría ser una isla donde un faro la aguardaba. Añoraba pensar que un día podía ella ser un vaivén de archipiélagos que se desprendían el uno del otro para regresar a ser oleaje e historia del oleaje. Ella anhelaba silencios para conversar con el mar. No le temía a la oscuridad. Ella guardaba la luz entre sus manos como la luz del mar. Y de pronto aparece el mar Pacífico espléndido e iracundo, el Pacífico que, después de lejanas travesías a privilegiados horizontes, regresa como siempre.

She longed for the arrival of night, the stillness of dusk, to dream of dawn. She longed to think she could be an island where a lighthouse awaited her. She longed to think that one day she could be the rise and fall of archipelagos that break free from one another to return to being waves and the history of waves. She longed for silence to converse with the sea. She did not fear the dark. She held the light in her hands like the light of the sea. And suddenly the Pacific appeared, magnificent and irascible, the Pacific that, after distant voyages to remarkable horizons, returns as always.

La benevolencia de la memoria

The Benevolence of Memory

1

Saudade. La melodiosa palabra para describir los anhelos de lugares vividos e imaginados. *Saudade,* como las infinitas añoranzas de una carta que no llega, de un amor escondido en la bruma que solo trasluce formas. *Saudade* por lo que fue y lo que no fue. Nostalgia de un mar tan solo reconocido por el lente de la infancia, de un viento que trae historias de otros lugares inciertos. *Saudade* por los silencios, por el hueco entre las palabras, por no encontrarte y desearte en los saltos de agua mudos en un mar impenetrable. *Saudade,* nostalgia, el cosquilleo del cuerpo, el vacío de lo que antes fue un bosque florido.

Saudade. *The melodious word for describing the longing for lived-in and imagined places. Saudade, like the infinite yearning for a letter that never arrives, for a love obscured by the mist that only reveals shapes. Saudade for what was and was not. Nostalgia for a sea only recognized through the lens of childhood, for a wind that brings stories from uncertain places. Saudade for silence, for the space between words, for not finding you and desiring you in the mute swells of water in an impenetrable sea. Saudade, nostalgia, the tingling of the body, the emptiness of what was once a forest in bloom.*

2

En ti todo fue una ausencia misteriosa, una ausencia que aprisionaba, que no me dejaba imaginar. De todas las ausencias nunca escribí de la tuya. Te dejé ir como se dejan ir las crónicas del desamor, como se deja ir lo que no regresa.

In you, everything was a mysterious absence, an absence that imprisoned, that did not let me dream. Of all the absences, I never wrote about yours. I let you go like one lets go of chronicles of heartbreak, like one lets go of that which does not return.

~ 3 ~

Cuando nos encontrábamos en aquel idioma que tan solo era nuestro, ¿soñábamos en el umbral de la memoria y el olvido? ¿Quiénes éramos entonces? ¿Quiénes somos ahora?

When we came together in that language that was ours alone, were we dreaming on the threshold of memory and oblivion? Who were we back then? Who are we now?

~ 4 ~

Mientras reposamos sobre la tibieza de la noche en un pueblo sin nombre, soñamos el sueño de los otros ... El sueño de sus historias en un país antiguo y noble, los senderos donde imaginaron puentes y ríos. Mientras dormimos, el viento sinuoso va marcando las esferas de la luz ... En nuestro sueño, la quietud de una noche celebra otras noches en un idioma entrañable y dulce. Aquí también somos el sueño de los otros ... historias de trigos, historias de sol.

As we rest in the warmth of the night in a town with no name, we dream the dreams of others ... The dream of their stories in a venerable and noble country, of the paths where they once imagined bridges and rivers. As we sleep, the sinuous wind marks the spheres of light ... In our dream, the stillness of the night celebrates other nights in a sweet and enchanting language. Here, too, we are the dreams of others ... Stories of wheat, stories of sun.

~ 5 ~

De todas las miradas, de todos los ojos que miro desde el recuerdo, escogería siempre los tuyos cuando me miraban entre las gotas de lluvia cuando nada nos pertenecía, tan solo una risa cómplice mientras caminábamos de la mano, donde la muerte cantaba junto a nosotros.

Of all the gazes, of all the eyes that I recall from memory, I would always choose yours when they gazed at me as the rain fell, when nothing belonged to us, only a shared laugh as we walked together hand in hand, where death sang alongside us.

～ 6 ～

Añoras la memoria de las cosas al caer, el sentir del tiempo sobre el amanecer, el latido de los relojes en la noche. Amas la memoria de los sonidos y de los silencios. En cada silencio encuentras un sonido y la memoria de lo que anhelas recordar como una ráfaga risueña y traviesa, como las primeras lluvias de una primavera tardía, como una ráfaga tardía que toca a tu ventana y sabes que ha llegado un ángel a estar contigo, a traerte mensajes de aquel otro país donde todo es descanso y tiempo sin tiempo. Son esas memorias las que añoras y más que nada la voz de tu madre. La memoria de todas las memorias.

You long for the memory of things as they fall, the feeling of time at dawn, the ticking of clocks at night. You love the memory of sounds and silences. In every silence you find a sound as well as the memory of what you long to remember, like a cheerful and mischievous gust of wind, like the first rains of a late spring, like a belated breeze that touches your window, and you know that an angel has come to be with you, to bring you messages from that other country where everything is in repose, in a time outside of time. It is those memories you long for, your mother's voice most of all. The memory of all memories.

～ 7 ～

Sentir las ausencias y los gestos de aquellos que no regresaron. Entre los olvidos imaginar sus pasos y sentir los gestos de la ausencia, apenas una voz que murmura o una hoja que desciende al amanecer y cae solitaria entre el rocío y los pies descalzos de algún viajero …

Sentir la ausencia, la memoria de ellos. Mi abuela, la que recordaba la lejana Odessa con una palabra y una sonrisa, la que sollozaba. Sentir los gestos de la ausencia, las conmemoraciones de los muertos, esos rituales que quiebran la mirada, que tan solo son palabras vanas en las efímeras geografías de la historia ...

Sentir una ciudad en llamas, una niña adolorida con ojos color mar sabiendo que nada de esto entendería, pero que era también para ella el tiempo de la huida.

Sentir las ausencias de la historia escrita tantas veces por los culpables. Hoy tan solo recuerdo. Nombro nombres. Dejo en este comienzo del otoño pétalos de rosa. Y yo también soy esa ausencia que acompaña una memoria a la deriva, unos ojos que no juzgan.

Perceiving those who are absent and the gestures of those who did not return. Imagining their footsteps among forgotten things and recognizing the signs of their absence, barely a voice that murmurs or a leaf that begins its descent at dawn and falls alone into the dew and onto the bare feet of some traveler ...

Perceiving absence, the memory of them. My grandmother, who remembered Odessa so far away with a word and a smile, my grandmother who also wept. Perceiving the signs of absence, the commemorations of the dead, those rituals that break the gaze, that are only vain words in the ephemeral geographies of history ...

Perceiving a city in flames, a girl in pain with eyes the color of the sea, knowing she would never understand any of this, but also knowing it was time for her to flee.

Perceiving the absences of history written so often by the guilty. Today, I simply remember. I recite names. I leave behind rose petals in this, the beginning of autumn. I too am that absence that accompanies a wayward memory with eyes that do not judge.

¿Qué textura perfilará la fragilidad de los recuerdos? ¿Cómo será la imaginación en nuestra memoria o en la memoria del amor? ¿Será como un bosque tupido y a veces sombrío o como la extraña luz de cada atardecer?

What texture might outline the fragility of memories? What might imagination be like in our memory or in the memory of love? Might it be like a forest that is dense and sometimes dark or like the remarkable light of each sunset?

9

¿Qué quedaba después de aquellos tiempos? ¿Dónde quedaba lo que antes existía? ¿Dónde estaban ellos, los que no regresaron, los que habían llevado la llave de sus casas, los que solo llevaron las antiguas fotografías de aquellas familias que no pudieron ser? ¿Qué quedaba de la historia, de sus caudalosos escombros? ¿Qué quedaba de los niños huérfanos, de los que se fueron en vagones para animales en la más segura de las muertes, en la más perversa de las muertes? Solo quedaban los nombres, las pequeñas historias que tan solo muy pocos las sabían, y los nombres tan solo en el más breve de los instantes cuando la memoria era más certera, cuando se podía nombrar a los muertos. ¿Qué quedaba de la historia? ¿Hogueras? ¿Escombros? ¿Sombras errantes? ¿El tiempo fugitivo? Lo que quedaba eran las historias que algunos recordábamos. Lo que quedaba eran las piedras de la memoria.

What remained after those times? Where was what existed before? Where were they, the ones who did not return, those who had left with the keys to their houses, who only took old photographs of families that could no longer be? What remained of history, with its copious rubble? What remained of the orphaned children and those who left in animal carriages to the most certain of deaths, to the most perverse of deaths? Only names remained, the brief stories that only a few knew, and the names were remembered only in the briefest of moments when memory was most unerring, when the dead could be named. What remained of history? Bonfires?

Rubble? Errant shadows? Fleeting time? What remained were stories that some of us remembered. What remained were stones of memory.

~: 10 :~

Los paisajes de los otros, las ciudades de los otros, el silencio de los otros. Nosotras las viajeras, las que llevamos una maleta y una cartografía incierta, intentamos sentir el paisaje ajeno, el que nos recibe, el que tal vez algún día será nuestro. Amé lentamente ese paisaje de la nieve con su elegancia y su desolación. Pensé que amaría siempre una ciudad con nieve como antes mi ciudad con mar. Los paisajes del exilio, de la memoria que se desvía … Los paisajes en que tardaremos un tiempo para que sean nuestros, porque no tienen la historia de una memoria de aquel antaño.

The landscapes of others, the cities of others, the silences of others. We, the women travelers who carry a suitcase and an uncertain cartography, try to sense the landscape of others, the one that welcomes us, the one that may someday be ours. Gradually, I came to love the snowy landscape of that place with its elegance and desolation. I thought I would always love a snowy city as I had once loved my city by the sea. Landscapes of exile, of memory that alters course … Landscapes that will take time to become ours because they do not have the history of a memory of what came before.

~: 11 :~

Las brujas de Salem … Son ellas las que están en los cementerios, delirantes en las bancas de piedras. Tan solo existen en la memoria de un nombre y en las flores marchitas y vivas que adornan, que cuentan, que están.

The witches of Salem … They can be found in cemeteries, delirious on stone benches. They only exist in the memory of a name and in the withered and fresh flowers that adorn, that recount, that are there.

Las dádivas de la naturaleza

Nature's Gifts

LAS DÁDIVAS DE LA NATURALEZA

~ 1 ~

Aguardamos la estación de los árboles, el verdor que avanza sobre ellos, los nidos que florecen. Aguardamos la vertiginosa primavera vestida de amarillos y de audacia. Es ella la que nos brinda ofrendas. Es ella la que juega con la transparencia de los días, el tierno espesor de las noches. Es ella que solloza en tu oído. La muerte se ha ido. Tan solo queda la luz del alba, la luz de la noche, la luz de tu rostro.

We await the season of trees, the greenness spreading over them, the nests in bloom. We wait for the whirling spring dressed up in yellows and poise. Spring brings us gifts. It plays with the transparency of days, the gentle thickness of nights. It weeps in your ear. Death has departed. All that remains are the light of dawn, the light of night, the light of your face.

~ 2 ~

Alguien te llama entre el bosque frondoso. Reconoces los oboes en la soledad de la floresta. Reconoces el murmullo y el delirio de los muertos y a los que regresan. Has aprendido que las cosas que caen en la noche también tienen pasos y tienen historias. Son la luz del saber y del no saber. De pronto una rama se desprende, se llena de pájaros antes cautivos. Ahora tan solo ellos y siempre ellos.

Someone calls to you from within the dense forest. You recognize the oboes in the solitude of the dell. You recognize the murmur and delirium of the dead, and you recognize those who return. You have learned that things that fall in the night also have footsteps and stories. They are the light of knowledge and ignorance. Suddenly a branch breaks loose and fills with birds once captive. Now it is only them and always them.

❦ 3 ❧

Llega el otoño … Los árboles nos enseñan el dejar ir y venir de las horas frondosas. Contemplo tu sueño como si fuera un río. Contemplo tu silencio como un follaje de palabras. Agradezco la imperfección de los comienzos, el umbral de las nuevas estaciones.

Autumn arrives … The trees show us the comings and goings of lush hours. I study you in sleep, as though sleep were a river. I contemplate your silence like a foliage of words. I am grateful for the imperfection of beginnings, the thresholds of new seasons.

❦ 4 ❧

Mi madre me obsequiaba el otoño. Tan solo extendía su mano perfumada por una hoja extraviada. "Aquí está el otoño", me decía y me hablaba cantando. Todo en ella se volvía la luz del oro claro. Creía en la bondad del tiempo y la esperanza. Supo enseñarme el arte del agradecimiento y aprender a dejar ir las cosas perdidas. Me enseñó a esperar la luz de la noche, aquel espacio del día cuando todo se despeja, cuando aparecen los cuidadores del cielo. Un día me dijo que el universo cabría en mis manos y así yo aprendí a rezar.

Tú también juegas con el tiempo del otoño, aquel color sepia y opalino de tu niñez que era además el color de las viejas fotografías que Helena, aquella misteriosa abuela, la abuela de las extranjerías, guardaba entre sus más preciadas pertenencias. Ella había huido en el otoño, en aquellas horas cuando el viento se desplazaba entre las hojas muertas y contaba nuestra historia…

Aún juego con esos días. Trazo mapas imaginarios sobre los prados. Escucho el caminar entre las hojas muertas, las dormidas. Una libélula me aguarda como la voz del tiempo y así descubro quién soy y tal vez quién seré en estos instantes de luz y de anhelo cuando la memoria es la victoria de los sonidos, el caminar de los muertos que regresan en una tarde dorada tan solo para acompañarnos, tan solo para sentir la voz del tiempo entre los árboles desnudos.

My mother gave me the gift of autumn. All she had to do was extend her perfumed hand over a wayward leaf. "This is autumn," she would say in a mellifluous voice. Everything in her was turning into the light of pale gold. She believed in the goodness of time and hope. She taught me the art of gratitude and how to let go of lost things. She taught me to wait for the light of night, that time of day when everything becomes clear, when the guardians of the sky appear. One day she told me the world would fit in my hands, and that is how I learned to pray.

You, too, play with the time of autumn, the sepia and opaline color of your childhood that was also the color of the old photos that Helena, that mysterious grandmother, that grandmother from a distant land, kept among her most prized possessions. She took flight in autumn, in those hours when the wind rustled dead leaves and told our story …

I still play with those days. I draw imaginary maps over meadows. I hear footsteps walking through dead and dormant leaves. A dragonfly waits for me, like the voice of time, and so I discover who I am and perhaps who I might be in these moments of light and longing when memory is the victory of sounds, the walking dead who return on a golden afternoon just to be with us, just to hear the voice of time amid the bare trees.

Los sonidos del verano. El amarillo de las sombras fugitivas sobre el tiempo de las hojas. Los sonidos del verano. El agua viva y lejana, el mar que ama y devora. Te sientas en la fragilidad del tiempo junto a lo que se desvanece. Buscas las huellas de aquellos tiempos: una infancia con voz y mirada hacia el sur; tu padre secando tu cuerpo al sol; el sol siempre entre tus manos; tal vez todo lo que el tiempo fugitivo aguarda … Eres entonces la portadora de la luz del mundo, esa luz que se ha venido trenzando desde el tiempo del amor, el gran infinito de las cosas. Los sonidos del verano. Una ráfaga amarilla entre las sombras, una ola movediza que viene a visitarte, el anuncio de los espíritus, las ofrendas.

The sounds of summer. The yellow of fleeting shadows upon the time of leaves. The sounds of summer. The water, alive and distant, the sea that loves and devours. You sit in the fragility of time alongside things that fade away. You search for vestiges of those times: a childhood with a voice and a gaze directed southward; your father drying your body in the sun; the sun, always in your hands, perhaps everything that fleeting time awaits … And so, you are the bearer of the world's light, that light that has been braiding itself since the time of love, the great infinity of things. The sounds of summer. A yellow gust amid the shadows, a shifting wave that comes to call, the portent of spirits, of gifts.

6

La lluvia copiosa insiste. La lluvia del sur del mundo y la del norte juntos desatan una furiosa orquesta con sus vientos y sus sonidos. La tormenta del mundo irrumpe desde el corazón del cielo donde incluso las nubes del viento huyen y como en un terrible Génesis, reina la desgracia y el caos de nuevo en la oscuridad.

The copious rain is persistent. Together, the rains from the southern and northern hemispheres ignite a frenzied orchestra with their winds and sounds. The world's worst storm erupts from the heart of the sky where even the wind's clouds take flight and, as though in a terrible Genesis, misfortune and chaos reign in the darkness.

❦ 7 ❧

En la lluvia de aquel invierno nada y todo nos pertenecía. La lluvia que también era los ojos de mi madre llenos de añoranza. Hoy escucho la lluvia en un país extraño donde nadie pertenece. Escucho la lluvia y tan solo añoro el tiempo de la niñez, los fragmentos del tiempo y del cielo, las pequeñas historias que nos contaban a la luz de la luna, y las viejas casonas de piedras donde la muerte cantaba. Todo canta en los días de lluvia. Todo es agua sin premuras. Mis ojos son la historia de todas las nostalgias.

In that winter's rain nothing and everything belonged to us. The rain was also my mother's eyes filled with longing. Today, I listen to the rain in a strange country where no one belongs. I listen to the rain and long for my childhood, for fragments of time and sky, the brief stories they used to tell us under the moonlight, and the old stone houses where death sang. Everything sings on rainy days. Everything is serene water. My eyes are the story of all longings.

❦ 8 ❧

La descubrí en un instante cuando la mirada se puebla de gestos. Estaba trepando hacia el cielo del invierno. Era una rosa solitaria que de pronto fue tornando hacia un tenue rosado como los de un rosal adormecido. Una sola rosa brillando en la opacidad de un invierno latente, una rosa quieta y florecida. Tal vez ella quisiera compartir conmigo una fragancia o florecer a destiempo. Tal vez tan solo quiso ser una rosa en un tiempo de sombras. Tal vez eso y más … una rosa inquieta, transgresora e independiente de las estaciones, tan solo una rosa amatoria.

I discovered it in an instant when one's gaze is filled with signs. It was climbing towards the winter sky. It was a solitary rose that suddenly turned a faint pink like the pinks of a slumbering rosebush. A single rose shining in the darkness of a latent winter, a still and flowering rose. Perhaps it wanted to share its fragrance with me or bloom at the wrong time. Perhaps it just tried to be a rose in a time of shadows. Perhaps that and more ... a restless and transgressive rose, independent of any season, simply a passionate rose.

Se acerca el otoño a la tibieza de tus manos. Cada hoja es un morir y un renacer. Tus pies cabalgan por la alfombra amarilla de oro que es este otoño pleno cuando dejas atrás las tristezas y la felicidad llega. Entiendes el tiempo de las caricias y las ausencias. Entiendes el tiempo del amor que es el destiempo del amor. Llega el otoño a tus manos. Es el tiempo de las delicias y las transiciones.

Autumn nears the warmth of your hands. Each leaf is a death and a rebirth. Your feet gambol over the yellow carpet of gold of this bountiful autumn when you leave behind sadness and happiness blooms. You understand the time of caresses and absences. You understand the time of love, which is also the inopportune time of love. Autumn reaches your hands. It is the time of joy and transformations.

Ella ama las primeras huellas del día y los presagios de las noches. Al amanecer recoge las cenizas de la vieja salamandra, la que le daba a ella en su soledad los latidos del fuego que jugaban con su sombra. Barre las cenizas, las que guardan un extraño resplandor. Las cenizas regresan al bosque como todo lo que regresa a la tierra.

Al atardecer se encamina en las enmarañadas raíces de los árboles. Recoge los vestigios de las cosas. Recoge ramas y piedrecillas, hojas secas como la memoria de los ancianos, y otra vez regresa a la vieja salamandra. Enciende el fuego, aguarda, se deja llevar por el encanto del fuego, aquel que acompañó a todos en los ritos antiguos cuando aún creíamos en los asombros, en la espesura del silencio, en un invierno que estaba hecho de leñas doradas, racimos naranjos, la luz de la oscuridad.

She loves the first signs of day and the portents of night. At dawn she gathers the ashes from the old wood stove, the one that, in her solitude, provided her with flickers of flames that played with her shadow. She sweeps up the ashes that still have a strange glow. The ashes return to the forest like everything that returns to the earth.

At dusk, she walks through tangled tree roots. She gathers up vestiges of things. She picks up twigs and small stones, dried leaves like old people's memories, and once more returns to the old wood stove. She lights the fire, she waits, she lets herself be carried away by the fire's spell, that same fire that accompanied everyone in ancient rituals when we still believed in wonder, in the weight of silence, in a winter that was made of golden firewood, orange bundles, the light of darkness.

II

Te asomas y dejas tu aliento en la balaustrada del invierno ... invierno que regresa para recordarte los sueños del país que llevas dentro. Miras todo con atención y asombro: las calles vacías con árboles que ya sin hojas se sienten vulnerables y a veces sombríos. Te deleitas imaginando la primera nieve de la temporada cuando los copos caen sobre el césped escribiendo nuestra historia.

You peer out and leave your breath on the balustrade of winter ... winter that returns to remind you of dreams of the country you carry within you. You look at everything with determination and wonder: the empty streets with their now leafless trees that feel vulnerable and, at times, somber. You delight in imagining the first snowfall of the season when the flakes float down to the grass, writing our story.

～ 12 ～

Él nos obsequió una canasta de castañas y lilas. Encendió las velas del anochecer. Nos enseñó sobre el tiempo del amor, la abundancia del sol y las castañas.

He gave us a basket of chestnuts and lilacs. He lit candles at dusk. He taught us about the time of love, the abundant sun, and the chestnuts.

～ 13 ～

Hemos ido repartiendo semillas: girasoles, flores silvestres, las que se acomodan a crecer en los caminos. No buscamos rumbos precisos tan solo fuimos esparciendo las semillas, tu mano en la mía, la mirada asombrada al bendecir los campos. Alrededor de nosotros la gran quietud.

We have been scattering seeds: sunflowers, wildflowers, the ones that happily grow along roadsides. We had no clear route in mind, we simply spread seeds, your hand in mine, our gaze in awe as we blessed the fields. Around us stillness reigned.

～ 14 ～

La dulce gratitud por un día de lluvias. La dulce melancolía del sentir la lluvia como el sentir de los pasos de los muertos o de los amores que nunca fueron. La dulce lluvia que invita a pensar en los presagios. La lluvia del sur del mundo donde mi padre y yo nos buscábamos entre las sombras.

Sweet gratitude for a rainy day. The sweet melancholy of feeling the rain, like sensing the footsteps of the dead or those loves that never existed. The sweet rain that invites us to think about portents. The rain in the southern part of the world where my father and I used to search for each other among the shadows.

~ 15 ~

En el sagrado corazón del bosque, en las horas claras y oscuras cuando todas las presencias son posibles, sientes la llegada de un chelo. Pareciera que se mueve entre la espesura del follaje, pareciera que estuviera adentrándose al follaje mismo, a la grandeza de las copas. Es el chelo que se asienta en la soledad del bosque. Sientes que se acercan los muertos que salen del sueño infinito para regresar, para escuchar. Y de los dedos de un músico invisible surgen los sonidos, un gemido, un lamento, un ritmo … Un chelo que aguarda la llegada de los muertos, un chelo como una risa tenue a tiempo de las cosas inciertas recomponiendo el mundo. A lo lejos la lejanía de los ecos, la pasión de un tiempo sin tiempo, tan solo un tiempo de memorias.

In the sacred heart of the forest, in light and dark hours when all presences are possible, you sense the arrival of a cello. It seems to move amid the thick foliage as though burrowing into the vegetation, into the majestic treetops. It is a cello that settles into the solitude of the forest. You sense the arrival of the dead emerging from an infinite sleep to return, to listen. And from the fingers of an invisible musician sounds emerge, a moan, a lament, a rhythm … A cello that awaits the arrival of the dead, a cello like a faint laugh at a time of uncertain things, reconstructing the world. In the distance, the remote echoes, the passion of a time outside of time, simply a time of memories.

~ 16 ~

Después de las lluvias huyeron los pájaros. Parecían oscuras estrellas en el fugaz rumor de sus alas. Sentí la lluvia, sus silencios intermitentes y su furia. Fui también lluvia y memoria de aquellos días en una casa de piedra donde mi madre se asomaba tras el ventanal humedecido por las historias como los cóncavos espejos que también eran gotas dulces y azules, a veces gotas atemorizadas por las tristezas ... Yo también ahora soy mi madre y me acurruco en su memoria.

After the rain, the birds took flight. They resembled dark stars with the fleeting sound of their wings. I heard the rain with its intermittent silences and its fury. I too was rain and the memory of those days in a stone house where my mother would peer out of the window wet with stories like concave mirrors that were also sweet, blue raindrops, sometimes raindrops frightened by sadness ... And now, I am also my mother, and I nestle in her memory.

～ 17 ～

Recuerdo la lluvia del sur del mundo donde crecí. Esa lluvia, como ninguna otra lluvia, entraba a la casa de los pobres, se llevaba sus techos, sus húmedas frazadas, su fecunda esperanza. Es esa la lluvia más triste que recuerdo, la que me lleva a aquellos rostros impávidos y tenaces.

I remember the rain in the southern hemisphere where I grew up. That rain, like no other, entered the homes of the poor, carried away their roofs, their damp blankets, their abundant hope. That is the saddest rain I remember, the kind that transports me back to those undaunted and tenacious faces.

～ 18 ～

Te asomas en el atardecer, la hora de los hechizos, al bosque desnudo y en pausa. Quieres acompañar a los árboles que, despojados de sus atuendos, las hojas del otoño, y del esplendor de antaño, aparecen en la gloria majestuosa de su desnudez. Y piensas cuánta pureza hay en la simplicidad de las cosas.

You look out at twilight, the bewitching hour, at the bare and silent forest. You want to join the trees that, deprived of their attire, their autumn leaves, and their splendor of yesteryear, appear in the majestic glory of their bareness. And you ponder how much purity exists in the simplicity of things.

~: 19 :~

Te regalo este otoño, una hoja tímida y persistente en la copa de un árbol. Te regalo las hojas color fuego, pequeñas y salvajes. De la misma forma regresarán a tus manos y le dedicarás un tiempo para mirarlas tan pequeñas, tan abundantes en su esplendor.

This autumn, I gift you an unassuming and enduring leaf at the top of a tree. I gift you fire-colored leaves, small and wild. In the same way, they will return to your hands, and you will take the time to look at them, so small, so abundant in their splendor.

~: 20 :~

Te regalo el tiempo del otoño que canta sobre la estación intermitente que nos invita a contemplar la simpleza de unos árboles que vuelven a poblar el mundo de hojas tras la lluvia. Tal vez todo vuelva con nosotros algún día a querer simplemente, a quererte en la imperfección del amor y el desamor.

I give you the autumn weather that sings about the recurring season that invites us to contemplate the simplicity of trees that return to adorn the world with leaves after the rain. Perhaps it will all return to us someday simply to love, to love you in the imperfection of love and heartbreak.

~ 21 ~

Ella anhelaba los días de otoño, los comienzos en sus manos que buscaban el nacimiento del sol. Con aquella luz recogía las hojas, las cuidaba como se cuidan a las palabras no pronunciadas. Cada hoja era un mundo que llegaba del cielo a una tierra humedecida. Cada hoja un anhelo, una historia por bordar. Y en el silencio del amanecer bordaba una manta para el otoño.

She longed for autumn days, for new beginnings in her hands that searched for the sunrise. With its light, she gathered leaves, tending to them like one tends to unspoken words. Each leaf was a world that came down from the sky to the damp earth. Each leaf a longing, a story to embroider. And in the quiet of dawn, she knitted a blanket for autumn.

~ 22 ~

Un jardín para Jacinta donde las mariposas lleguen desde el cielo, beban agua, se llenen de luz para regresar de nuevo. Un jardín para Jacinta que en un instante regresó al cielo sin preguntas y sin respuestas. Un jardín para Jacinta porque está entre nosotros y más allá de nosotros entre el cielo y la tierra, entre las semillas y las estrellas.

A garden for Jacinta where butterflies might alight from the sky, drink water, and fill themselves with light in order to return again. A garden for Jacinta who, in an instant, returned to heaven without questions or answers. A garden for Jacinta because she is with us and far away from us, between heaven and earth, between the seeds and the stars.

~ 23 ~

La lluvia desciende del cielo para acariciar al mar que es tenue y guarda en ello la sencillez de la bondad. El mar recibe las ofrendas de la

LAS DÁDIVAS DE LA NATURALEZA

lluvia y las aguas juegan entre las sombras y la luz que habitan en el fondo del mar.

Rain descends from the sky to caress the sea that is calm and contains within it the simplicity of goodness. The sea welcomes the rain's gifts and together their waters play among the shadows and the light that dwell at the bottom of the deep.

24

Cae la lluvia sobre nuestro cabello y ahora buscamos la inocencia en el agua que desciende desde el cielo.

Rain falls on our hair, and now we search for innocence in the water that decends from the sky.

25

Cae la lluvia tenaz sobre el bosque que se inclina a recibirla. La lluvia ocupa el sitial de una nostalgia en nuestra casa que es la memoria. Todos la escuchamos desde lejos como el rezo o un coro de ángeles y otras veces como una feroz melodía. Cae la lluvia sobre nuestras cabezas. Buscamos la inocencia en el agua que desciende del cielo.

Rain falls tenaciously on the forest that bows to welcome it. The rain holds a nostalgic place in our house that is memory. We listen to it from afar like a prayer or a chorus of angels, and other times, a fierce melody. The rain falls on our heads. We search for innocence in the water that descends from the sky.

26

La lluvia a veces tenue, a veces desaforada, golpea contra los cristales entre las sombras. Llega a mí como la memoria de los días, los días de tu memoria cuando te acercabas a mí para cantarme bajito como lo hace la lluvia, como lo hace el viento que desea parecerse a la voz humana. Me contabas del sur, de ese sur tuyo y tan ajeno cuando tu rostro también era una lágrima, una gota de lluvia azul en un país azul. Ahora la lluvia cae entre las nostalgias, la lluvia que tan solo insinúa, que tan solo se deja sentir para imaginar, para sentir tu voz extraviada, para sentir un país tan solo imaginado. Hablo con mi voz y la voz de la lluvia, la que teje historias en silencio, en los espacios de los silencios que todo lo dicen.

The rain, sometimes faint, other times fierce, beats against windowpanes in the shadows. It reaches me like the memory of days, the days of your memory when you drew near to me to sing to me softly, like the rain does, like the wind that wants to resemble the human voice. You would tell me about the south, that south of yours, so foreign, when your face was also a tear, a drop of blue rain in a blue country. Now the rain falls amid longings, rain that only insinuates, that only lets itself be heard in order to imagine, to hear your wayward voice, to discern a country that is only imagined. I speak with my voice and the voice of the rain that weaves stories in silence, in the gaps of silences that say everything.

27

La lluvia y tú. La lluvia como tu voz golpeando dulcemente los ventanales de una casa de madera escondida entre las malezas en un bosque salvaje. Me hablabas de los días de la lluvia cuando también tu corazón se humedecía y apoyabas tu rostro en los ventanales quebrados por el tiempo de las pobrezas. Era esa tu lluvia, la del sur del mundo que detenía el compás de los relojes, que buscaba otra forma de medir el tiempo, otra forma de amar. La lluvia de los pobres era también la lluvia de los ricos. Una misma lluvia con olor a musgo y a las cosas verdes.

The rain and you. The rain, like your voice gently hitting the windows of a wooden house hidden between the weeds in an untamed forest. You used to tell me about rainy days when your heart would also become saturated, and you would rest your face against the panes broken by the time of poverty. That was your rain, the rain in the southern part of the world that stopped the ticking of clocks, that searched for other ways to measure time, other ways to love. The rain of the poor was also the rain of the rich, a rain redolent of moss and all things green.

28

Después de las lluvias, amanecimos distintos, un pequeño júbilo en el corazón. Y como los pájaros, regresamos al paisaje de los asombros. Yo te mandé el sol del amanecer. No siempre sé dónde estás, pero sí sé que estás en el tiempo de las ausencias, en el tiempo de las vigilias. Y así, después de las lluvias, la tierra nos obsequió la luz del mundo que no solo existe entre las sombras o en la opacidad de los tiempos. Aprendí entonces que después hay el comienzo del después, que todo regresa en las inciertas certezas del avatar de un día distinto a todos los días.

After the rain, we awoke transformed with a flutter of joy in our hearts. And like birds, we returned to the realm of wonder. I sent you the dawn's sun. I do not always know where you are, but I do know you dwell in the time of absence, in the time of wakefulness. And so, after the rain, the earth gifted us with the light of the world that not only exists between shadows or in the opacity of time. I learned then that next comes the beginning of afterwards, that everything returns in the uncertain certainties of the vicissitude of a day that is distinct from all others.

~ 29 ~

Las lluvias sobre las mañanas descalzas, las lluvias que galopaban en las piezas oscuras donde imaginábamos lo que era el hacer el amor o lo que el cuerpo nos pedía al amanecer. Las lluvias del cuerpo que reposa al lado del otro, cuerpos que en la orfandad se reconocen. Piensas entonces en las lluvias de una niñez en un país lejano, siempre lejano, y tu padre diciéndote que la lluvia era un gran teclado sobre los cielos ocultos. En aquellos días, aprendías a preguntar el porqué de las cosas y el porqué de la noche cuando todo cae, hasta los péndulos de los relojes ausentes. Las lluvias de la infancia cuando mi padre jugaba con nosotros y el teclado, cuando era entonces él. Las lluvias, los nocturnos de Chopin, y yo recién aprendiendo el porqué del agua que cae del cielo, el porqué de las lágrimas azules.

Rain on unadorned mornings. Rain that coursed into dark rooms where we would imagine what making love would be like or what our bodies would ask of us at dawn. The body's rain, a body that rests beside another, orphaned bodies that recognize each other. You think then about the rain of your childhood in a faraway country, always far away, and your father telling you the rain was a magnificent keyboard over the hidden skies. Back then, you were learning to ask the why of things and the why of the night when everything falls, even the pendulums of absent clocks. The rain of my childhood when my father played with us and the keyboard, when he was still himself. The rain, Chopin's Nocturnes, and I who was only just learning the why of the water that falls from the sky, the why of blue tears.

~ 30 ~

La lluvia cae sobre el bosque profundo. Es una lluvia palpitante como el deseo, la lluvia que nace y florece en el acontecer de la floresta. Siempre he escuchado esa lluvia que cae desde el cielo hasta el mar, la lluvia que desciende sobre el oleaje recolectando y contando profecías. Pero es esta lluvia que es sonora, que es audaz, la que desconozco y empiezo a amar. Soñamos con el descender de la lluvia generosa e intrépida, la lluvia bajo la que los mayas trenzan profecías en Santo Tomás, Guatemala, donde el mar es verde y el mar es azul. Toda la noche la siento llegar a mí. Me cuenta de las hazañas de un pueblo dulce, de un pueblo que camina descalzo entre las hojas de agua.

Descalza y diáfana, entro a las aguas del mar. Palpo los misterios del Mar Caribe, el mismo mar que era dos mares, que era cercano y lejano como el amor. El Mar Caribe, el verde y el azul, como un espejo que late, como una soledad entrando a la otra. Y entiendo que el mundo se plasma de colores, cada color una historia, una mañana y una noche. El Mar Caribe, el mar de los mayas, sagrado y dulce bordando la fragilidad de la historia y de las ruinas, bordándolo todo en la abundancia y en la escasez.

Rain falls on the lush forest. It is a throbbing rain, like desire; rain that is born and blooms in the here and now of the glade. I have always listened to the rain that falls from the sky to the sea, to the swells that collect and recount prophecies. But this is a resonant and audacious rain, one I do not recognize, and one I am beginning to love. We dream about the intrepid and bountiful rain that is falling, the rain within which the prophesies of the Maya are woven in Santo Tomás, Guatemala, where the sea is green and blue. All night I sense the rain drawing closer to me. It tells me about the exploits of a sweet people, a people who walk barefoot through the sheets of water.

Barefoot and diaphanous, I enter the water. I touch the mysteries of the Caribbean Sea, the same sea that was once two, close and distant, like love. The Caribbean Sea, green and blue, like a pulsating mirror, like one solitary being entering another. And I understand that the world is made of colors, each color a story, a morning, and a night. The Caribbean Sea, the sea of the Maya, sacred and sweet, weaving together the fragility of history and its ruins, weaving everything together in abundance and scarcity.

~ 31 ~

Recuerdo el sabor a mis manos sobre la tierra, la ilusión de los musgos azules, el viento suspirando, el viento que hoy dialoga con la niña vieja. Entre nosotros tan solo la voz de unas palabras que se transforman en una epístola fugaz, en cartas que erran como un amor que se recuerda a través de los silencios.

I remember the scent of my hands on the earth, the feeling of the blue moss, the wind sighing, the wind that today converses with the old girl. Between us there is only the voice of a few words that turn into a fleeting epistle, into letters that ramble like a love that is remembered through silence.

~ 32 ~

Aprendo a mirar. Reposo mi cuerpo sobre la tierra humedecida. A mi lado, un colchón de hojas me acompaña. Me deleito al reposar sobre ellas. Las escucho. Crujen entre mis manos. Aprendo a escuchar. Me visita el tiempo del viento sin premura, el viento que juega con el cabello de todos, el viento que suspira y anhela presencias. Entonces descubro que tus ojos son también el color del otoño. Voy por ellos como por una luz color sepia. Voy por ellos como si encontrara un mundo. Aprendo a conocerlos, a palpar la mirada como un cristal que rescata la última luz de una tarde en el verano, de los días en el salvaje verano que llevamos dentro. Voy por tu sonrisa encantada. Voy por el instante infinito del sentir. Camino entre las palabras y las hojas que me cobijan.

I learn to observe. I rest my body on the damp ground. Beside me, a mattress of leaves accompanies me. I enjoy reclining on them. I listen to them. They rustle in my hands. I learn to listen. I am visited by the unhurried time of the wind, the wind that tousles everyone's hair, the wind that sighs and longs for apparitions. Then I realize your eyes are also the color of autumn. I travel through them as though through a sepia-hued light. I travel through them as though discovering a world. I learn to recognize them, to feel their gaze like a piece of glass that captures the last light of a summer afternoon, of wild summer days we all carry within us. I travel through your enchanted smile. I travel through the infinite moment of feeling. I walk among the words and the leaves that shelter me.

33

Era ella Manuelita, una tortuguita que llegó del norte lejano, que se extravió de geografías. Podría haber nacido entre los ríos lejanos de un país también lejano. Podría haber cruzado todo el Atlántico sola entre un oleaje de aguas turbias, pero simplemente llegó a un lugar que le pertenecía … el norte de Chile donde los días son escarchados por un sol itinerante, donde las noches son bendecidas por el frío y por una extraña paz. Manuelita, la tortuga del norte que escucha el sentir de otro idioma. Llegó a mí para contarme de las cosas lentas, de las bendiciones de las cosas lentas, del amor lento donde el odio no entra ni se cuela por la espesa noche del desierto. Ella está a mi lado. Juega con las hortensias. Celebra las lechugas verdes como la palabra sueño. Yo simplemente la miro, la siento y en ese asombro lo entiendo todo.

Her name was Manuelita, a little turtle who came from the far north, who strayed from her place of origin. She might have been born in the distant rivers of an equally distant country. She might have crossed the Atlantic alone on a swell of murky waters, but she simply arrived in a place that became her own … northern Chile where the days are frosted by an itinerant sun, where the nights are blessed by the cold and a strange peace. Manuelita, the turtle from the north who listens to the sounds of another language. She came to me to tell me about unhurried things, about the blessings of unhurried things, about unhurried love where hate cannot enter, nor can it penetrate the thick desert night. She is by my side. She plays with the hydrangeas. She enjoys the green lettuce as much as the word sleep. I simply observe her, touch her, and in those moments of wonder, I understand everything.

~ 34 ~

Un día lo que esperas llegará a tu puerta. También llegará el mar y sus palabras. Llegará la noche para aguardar la llegada de tus ojos. Llegará la piel clara del cielo a tu mirada.

One day, what you are waiting for will arrive at your door. The sea and its words will also appear. Night will join them to await the arrival of your eyes. The clear film of the sky will enter your eyes.

Gratitud

Gratitude

1

Has aprendido a perder algunas cosas y encontrar otras, buscar en las arenas tibias las historias del mar y de un universo asoleado. Nada esperas ni nada anticipas, tan solo te dejas llevar por el silencio y los pequeños ruidos de las cosas que caen en la tenue velocidad de la noche. Has aprendido el don de la fe y el don de las esperas. Sin premura recibes las ofrendas de un misterioso acontecer.

You have learned how to lose some things and find others, to search in the warm sands for stories about the sea and a sunny world. You await nothing and expect nothing, you simply let yourself be transported by the silence and the delicate sounds of things that fall in the gentle speed of night. You have learned the gift of faith and the gift of waiting. Serenely, you receive the gifts of a mysterious occurrence

2

No tendrás que buscar las ofrendas ni untarte de fragancias para recibirlas. Simplemente llegarán a ti como llegan las cosas del amor sin previos avisos, sin desencuentros. Tal vez entenderás que lo que uno no busca aparece y a veces aparece antes de buscarlo. Encontré todo lo amado mirando a los ojos de los que amé. Eran los que se vestían de luz y aparecían en las tardes descalzas. Nunca imaginé que llegarían a mí, pero entendí de los caprichos del azar, de buscar sin venir a buscar. Así llegarán a ti las ofrendas, las que se aparecen tras las balaustradas, las que llegan en los atardeceres entre las nieblas.

You will not have to search for gifts or perfume yourself to receive them. They will simply come to you like love, without forewarning, without debate. Perhaps you will understand that what one does not seek can materialize and sometimes materializes before searching for it. I found everything I love looking into the eyes of those I cherished. Those dressed in light that ap-

peared on unencumbered afternoons. I never imagined they would come to me, but I understood the whims of chance and searching without intending to search. That is how gifts will reach you, those that appear behind balustrades, those that materialize at sunset through the mist.

~: 3 :~

Despacito aprendes la gracia de la lentitud, la elegancia del hablar pausado, la risa delicada como el paso de la lluvia sobre las horas. Despacito escribes el amanecer con una pluma de un pájaro que danza en tu memoria. Despacito te perfumas y escribes una carta de amor. La lentitud de las palabras es la habitación luminosa que llevas dentro como una tortuguita bañada por la luz de los días; sus pies que danzan bordando el pasar de las horas claras. Recibes las ofrendas del día y de la noche, de la voz del viento que murmulla, de la voz de un pétalo de rosa que cae en tus manos. El universo guarda la lentitud de lo sagrado, despacito, despacito.

Slowly you learn the grace of taking time, the elegance of measured speech, the delicate laughter like the passage of rain over hours. Slowly you write the dawn with a feather from a bird that dances in your memory. Slowly you perfume yourself and write a love letter. The slowness of words is the luminous room you carry within you like a little turtle bathed in the light of days; its dancing feet embroidering the passage of daylight hours. You accept the gifts of the day and the night, of the wind's voice that murmurs, of the voice of a rose petal that floats into your hands. The universe slowly, haltingly, protects the slowness of what is sacred.

~: 4 :~

Ella amaba el tiempo de las algas, las que reposaban después de las iracundas mareas. Ella amaba los espacios de un temprano amanecer y las cadencias de la noche que jamás se apresuraban. Cuando tenía frío, se arropaba con las ofrendas del mar y las algas adornaban sus cabellos tan movedizos como el oleaje mismo. Amaba la espuma y el tiempo de las lluvias sobre las aguas. Amaba la redondez de la Tierra como una canasta fresca y abundante en la que recogía pan, y por el atardecer, luciérnagas. Ella amaba su pueblo que no tenía nombre, las casas de techos voladores. Amaba la escasez y la abundancia. Abría sus manos y le llegaban las ofrendas del cielo y de la tierra, de lo incierto y de lo inesperado.

She loved the time of the seaweed that would come to rest after irascible tides. She loved the early dawn hours and the unhurried cadences of night. When she was cold, she wrapped herself in the bounties of the sea, and seaweed adorned her hair, as undulant as the surf itself. She loved the seafoam and the time of rain upon the water. She loved the roundness of the Earth like a fresh and brimming basket in which she placed bread and, at sunset, fireflies. She loved her town that had no name, the houses with their flying roofs. She loved scarcity and abundance. She opened her hands and received the gifts from the sky and the earth, from the uncertain and unexpected.

Amas las pequeñas ofrendas como un vientecito tibio que murmura. Reconoces la suavidad del viento que atesora los días livianos, el ruido mesurado como una delicia sobre el aire …

You love small gifts like a warm murmuring breeze. You recognize the gentleness of the wind that cherishes carefree days, its measured sound like contentment on the air…

Gratitud por las ofrendas de cada día, por una palabra humilde y deslumbrante, por el día que es hoy y por el día que deseamos para mañana. El futuro yace aquí, en el presente, las instancias del ahora, el amanecer y el despertar. Luego regresará la noche con su ciclo misterioso, con la fecunda magia del sueño. La noche oscura y clara donde nos cobijamos con frazadas y leñas generosas. Llega la mañana con sus ofrendas, con la luz de las palabras.

Gratitude for each day's gifts, for a humble and spellbinding word, for the day that is today and for the day we want for tomorrow. The future can be found here, in the present, in the here and now, in the sunrise, and in waking. Then the night will return with its mysterious cycle, with the fecund magic of sleep. The dark and clear night where we shelter with blankets and copious firewood. Morning arrives with its gifts, with the light of words.

Gratitud por el amanecer cuando la luz de la quietud torna los primeros brillos del día y el silencio del anochecer se transforma en voces y en palabras, pequeños cantos, la maravilla de las aves que murmuran desde lo alto.

Gratitude for the dawn when the peaceful light turns into the first glimmers of day, and the silence of nightfall transforms into voices and words, brief songs, the wonder of birds singing from on high.

Gratitud por el amor que entra por la puerta y regresa al anochecer por una ventana enmarcada en la ilusión. Gratitud por la paz de unos relojes en la noche y tu mano que reposa sobre la mía escuchando el latir de una primera estrella.

Gratitude for the love that enters through the door and returns at nightfall through a window framed with desire. Gratitude for the peace of certain clocks at night and for your hand that rests on mine as we listen to the heartbeat of a first star.

www.ingramcontent.com/pod-product-compliance
Lightning Source LLC
Chambersburg PA
CBHW061231070526
44584CB00030B/4081